Horst Hegewald-Kawich

Langhaar–
Schäferhund

Fotos: Monika Wegler
Zeichnungen: György Jankovics

Anschaffung und Eingewöhnung — 4

Typisch Langhaar-Schäferhund — 4

Entscheidungshilfen — 6

Entstehungsgeschichte der Rasse — 9

Rassekennzeichen — 10

Im Porträt: Langhaar-Schäferhunde — 12

Wo bekommt man das Tier? — 14

Welpe oder erwachsener Hund? — 14

Rüde oder Hündin? — 14

TIP: Den guten Züchter erkennen — 15

Checkliste: Ausstattung — 17

PRAXIS Eingewöhnung — 18

Der richtige Umgang im Alltag — 21

Die Sozialisierungsphase — 21

Besuch bei Prägungs-spieltagen — 22

Tabelle: Gefahren — 23

Beziehung Mensch - Hund — 24

Körperkontakt ist wichtig — 24

Verhaltensregeln in der Öffentlichkeit — 25

10 Goldene Regeln Verhalten Kind und Hund — 26

TIP: Den Hund richtig ausführen — 27

Die Ernährung — 28

Bestandteile der täglichen Nahrung — 28

Die richtige Futtermenge — 30

TIP: Gesundes Hundemenü — 31

Die Pflege des Hundes — 32

Soll der Hund gebadet werden? — 33

Checkliste: Krankheits-zeichen erkennen — 33

PRAXIS Pflege — 34

Versorgung im Urlaub — 36

Der Hund bekommt Nachwuchs — 37

Die Entwicklung der Welpen — 38

TIP: Gezielt züchten — 39

Verhalten und Beschäftigung	41
Die Lautsprache	41
Die Körpersprache	41
Die Erziehung des Hundes	43
Die Leinenführigkeit	43
Das enge Fußgehen	43
VerhaltensDolmetscher	44
PRAXIS Erziehung	46
Das gezielte Spielen	49
Der Leistungssport	50
Turnierhundesport	50
Agility	51
Flyball	51
TIP: So erkennt man den guten Ausbilder	51

Gesundheitsvorsorge und Krankheiten	53
Krankheitsursachen	53
Impfschutz	53
Entwurmung	53
Regelmäßige Krankheitsvorsorge	53
Besuch beim Tierarzt	54
Fieber messen	54
Rassetypische Krankheiten	54
Tabelle: Krankheiten erkennen	55
PRAXIS Handgriffe	58

Anhang	60
Register	60
Adressen und Literatur	62
Wichtige Hinweise	63
Impressum	63
EXPERTEN-RAT	64

TYPISCH
LANGHAAR-SCHÄFERHUND

- Intelligent und wachsam.
- Temperamentvoll.
- Imponierende Erscheinung durch Größe und Fell.
- Tapfer.
- Kraftvoll und gewandt.
- Wesensstark.
- Gut geeignet als Familien- und Begleithund.
- Ausdauernd und lauffreudig.
- Pflegeintensives langes Fell.

Die Zucht des Langhaar-Schäferhundes baut auf der Basis des stockhaarigen Deutschen Schäferhundes auf. Deshalb hat er sicher auch die gleichen typischen Eigenschaften. Aufgrund seines mehr oder weniger ausgeprägten Wehrtriebes bewacht er Hab und Gut und seine Menschen mit Mut und Härte. Bei guter Zucht, Aufzucht und Ausbildung ist er ausgeglichen im Wesen, führig und auch »nur« als Begleithund geeignet.
Man sieht ihn auch bisweilen als Polizei-, Blinden- oder Rettungshund. Also keine Unterschiede zum stockhaarigen Deutschen Schäferhund? Viele seiner Besitzer schwören aber darauf: So soll er schmusiger, menschenbezogener, weniger aggressionsbereit, offener, mehr ein Familienhund sein. Und in der Öffentlichkeit fällt er nicht so oft unangenehm auf.

6 ENTSCHEIDUNGSHILFEN

1 Der Langhaar-Schäferhund braucht die Nähe des Menschen. Er darf nicht überwiegend oder ausschließlich im Zwinger gehalten werden.

2 Der Schäferhund will gefordert werden. Sind Sie bereit, Ihren Hund zusätzlich zu den Spaziergängen noch sportlich zu beschäftigen?

3 Paßt der mit etwa 60 cm Schulterhöhe mittelgroße Langhaar-Schäferhund in Ihren Wohnbereich?

4 Wenn Sie zur Miete wohnen, sollten Sie vor dem Kauf die Genehmigung des Vermieters zur Haltung eines Hundes einholen.

5 Ist in Ihrer Familie jemand allergisch gegen Hundehaare?

6 Bei guter Haltung wird Ihr Langhaar-Schäferhund mindestens 12 Jahre alt. Können Sie aus beruflicher und familiärer Sicht über diesen Zeitraum planen?

7 Sind Sie bereit, mit dem Hund täglich zwei bis drei lange Spaziergänge zu machen?

8 Sind Sie bereit, Ihre Urlaubsziele so zu planen, daß Sie Ihren Hund mitnehmen können? Wenn dies nicht möglich ist, können Sie ihn während Ihrer

Abwesenheit von einer ihm vertrauten Person betreuen lassen?

9 Nehmen Sie in Kauf, daß Sie der Hund in seinen etwa 12 Lebensjahren ca. 20000 Mark kostet an Futter, Steuer, Versicherung, Tierarzt usw.?

10 Sind alle(!) Familienangehörigen ohne Einschränkung mit der Anschaffung eines Schäferhundes einverstanden?

Wichtige Vorüberlegungen

Bedenken Sie vor der Anschaffung eines Schäferhundes alle Konsequenzen einer Hundehaltung. Für den Hund wäre es das Schlimmste, wenn Sie ihn unüberlegt anschaffen und dann wegen unbedachter Schwierigkeiten wieder abgeben müßten. Für solche Hunde sind aus Erfahrung sehr schlecht Plätze zu finden. Sie landen oft im Tierheim und sind aufgrund ihrer Größe kaum vermittelbar.

Lassen Sie sich nicht vom reizenden Aussehen eines Welpen täuschen. Innerhalb eines Jahres ist er ein großer, für viele Leute ein furchteinflößender Hund. Dies macht oft Probleme in der Nachbarschaft.

Die meisten Schäferhunde leiden an Beschäftigungslosigkeit. Werden sie nur ausgeführt, aber nicht ausreichend beschäftigt, können sie zu einem sehr schwierigen Familienmitglied werden, weil sie »Arbeitslosigkeit« durch unerwünschte Dominanz oder sogar Verhaltensstörungen ausgleichen. Beides kann für die Menschen gefährlich werden, da der Hund als vermeintlicher Rudelführer seinen Willen durchsetzen will. Nur bei konsequenter, tiergerechter Erziehung und ausreichender Beschäftigung ordnet sich der Langhaar-Schäferhund harmonisch und willig in sein Menschenrudel ein.

ANSCHAFFUNG UND EINGEWÖHNUNG

Seit einigen Jahren steigt die Beliebtheit der langhaarigen Variante des Deutschen Schäferhundes und immer mehr wollen diesen Schäferhundtyp halten. Wichtig für ein harmonisches Miteinander ist eine konsequente Erziehung während der Eingewöhnung.

Entstehungsgeschichte der Rasse

Etwa in der Zeit nach dem Dreißigjährigen Krieg benötigten die Schäfer kleinere, schnelle Hütehunde, die Schafe am Betreten der sich immer mehr ausbreitenden Kulturflächen hinderten. Die vorher benutzten »Schafrüden« waren große, gefährliche Schutzhunde, aber keine Hütehunde. Sie wurden seit der Ausrottung der Wölfe auch kaum mehr gebraucht. Aus den auf den Bauernhöfen als Wachhunde (Hovawarte oder Mistbeller) gehaltenen Tieren suchten sich die Schäfer diejenigen Hunde zur Zucht aus, die besonders dressurfähig, ausdauernd und wetterfest waren.

Etwa gegen Ende des 18. Jahrhunderts entstanden so gleichzeitig überall in Europa im Typ ähnliche Schäferhunde, darunter auch der Deutsche Schäferhund. Zur Zeit des Rittmeisters von Stephanitz, des Gründers des Vereins für Deutsche Schäferhunde, wurde der Deutsche Schäferhund aus dem alten zott- oder langhaarigen Typ des anfänglichen Schäferhundes herausgezüchtet. Zotthaarige Nachkommen gibt es

Im Vergleich: eine stockhaarige Deutsche Schäferhündin und ein Langhaar-Schäferhund.

beim heutigen Deutschen Schäferhund kaum noch, dagegen wird der Langhaarfaktor unbemerkt über Generationen weitervererbt. Mit einer geschätzten Häufigkeit von vier bis acht Prozent kommen immer wieder mehr oder weniger langhaarige Welpen zur Welt.

Langhaar – ein Fehler?

Der Verein für Deutsche Schäferhunde (SV) bewertet das lange Haar als zuchtausschließenden Fehler. Obwohl diese Welpen einen Abstammungsnachweis bekommen, darf mit ihnen nicht gezüchtet werden.

Seit einigen Jahren gibt es immer mehr Liebhaber, die sich nicht damit abfinden wollen, daß der langhaarige Deutsche Schäferhund nur ein Zufallsprodukt ist. So wurde 1984 der LSVD (Langhaar-Schäferhund Verband Deutschland e.V.) gegründet, 1991 der ASVD (Altdeutscher Schäferhund Verband Deutschland e.V.), 1993 der ASC (Altdeutscher Schäferhund Club e.V.) und in der Folgezeit einige kleinere Vereine. Anliegen dieser Verbände ist die reinerbige Züchtung und der Erhalt des langhaarigen Deutschen Schäferhundes. Ein Antrag des LSVD im Jahre 1991, den Langhaar als eigenständige Rasse anzuerkennen, wurde vom Verband für das Deutsche Hundewesen (VDH) abschlägig beschieden. Die Begründung lautete, der LSVD hat »die Züchtung einer Rasse zum Ziel, die nicht dem geltenden Standard entspricht«. Eine Anerkennung als eigenständige Rasse hätte den Langhaar nicht besser oder wertvoller gemacht, denn er hat die gleichen angeborenen rassespezifischen Erkrankungen wie der stockhaarige Deutsche Schäferhund. Einzig sein langes Haarkleid entspricht nicht einem willkürlich festgesetzten Standard. Und die Aufnahme in den VDH hätte die Züchter auch nicht aus der Pflicht genommen, verantwortungsvoll gesunde Hunde zu züchten.

Der Verhaltensforscher Eberhard Trumler stand den Bestrebungen des LSVD, den guten alten Altdeutschen reinerbig zu züchten, positiv gegenüber. Er ist Ehrenmitglied des LSVD.

Im Interesse dieses Ziels wäre allerdings der Zusammenschluß der vielen kleinen Zuchtvereine zu einem großen Zuchtverband sehr nützlich, um die unterschiedlichen Zuchtbestimmungen zu vereinheitlichen. Ich beschränke mich daher auf die Bestim-

mungen des LSVD, des größten der Verbände mit Landesgruppen in Bayern, Baden-Württemberg, Sachsen, Hessen, Nordrhein-Westfalen sowie in der Schweiz und in Österreich.

Rassekennzeichen

✔ Allgemeines Erscheinungsbild: mittelgroß, langgestreckt und gut bemuskelt.

✔ Der Hund muß ein ausgeglichenes, nervenfestes und selbstsicheres Wesen haben.

✔ Widerristhöhe bei Rüden 62 bis 68 cm, bei Hündinnen 55 bis 62 cm.

✔ Der Kopf soll der Körpergröße entsprechen, nicht zu fein und nicht zu plump wirken. Die Stirn ist nur wenig gewölbt. Der Fang soll kräftig sein mit gut schließenden, straffen Lippen.

✔ Im Gebiß greifen die Schneidezähne scherenartig übereinander.

✔ Augen: mittelgroß, mandelförmig, leicht schräg angesetzt und nicht hervortretend; möglichst dunkel oder in der Farbe zur Maske passend. Helle Augen sind unerwünscht.

✔ Die Ohren sollen als mittelgroße Stehohren mit der Muschel nach vorne getragen werden und spitz auslaufen. Hinter den Ohren und im Ohrinneren sind die Haare länger, mitunter bilden sich Ohrbüschel.

✔ Der Hals soll gut bemuskelt sein und keine Wammenbildung haben.

✔ Die Oberlinie des Körpers verläuft vom Halsansatz über den Widerrist bis zur leicht abfallenden Kruppe in einer Linie. Der Rücken soll gerade und bemuskelt sein. Die Unterbrust sollte bei nicht zu breiter Brust ausgeprägt sein.

✔ Die Rute ist buschig mit leichter Fahnenbildung nach unten und reicht mindestens bis zum Sprunggelenk. In Ruhe hängend, in Bewegung höher, sollte sie jedoch nie über der Rückenlinie getragen werden.

✔ Die Schulter ist lang und schräg mit guter Winkelung. Sie sollte kräftig und gut bemuskelt sein. Die Unterarme sind gerade und ebenfalls bemuskelt.

✔ Ober- und Unterschenkel der Hinterhand sollen annähernd von gleicher Länge sein. Die Keulen sollen kräftig und gut bemuskelt sein.

✔ Pfoten sind rund, geschlossen und fest. Die Ballen sind hart mit dunklen Krallen.

✔ Die korrekte Behaarung ist das Langstockhaar mit Unterwolle. Das Haar ist länger, nicht immer gerade und vor allem nicht straff am Körper anliegend. Besonders im Ohrinneren, hinter den Ohren, auf der Rückseite des Unterarmes und meistens in der Lendengegend sind die Haare erheblich länger. Ab den Ellbogen bis zum Vordermittelfuß bilden sie Fahnen. Die Hosen an den Keulen sind lang und dicht.

✔ Gezüchtet wird in den Farben Schwarz mit karottenbraunen, braunen, gelben und hellgrauen Abzeichen, einfarbig Schwarz oder Grau, wobei Grau mit dunkler Wolkung zulässig ist. Außerdem gibt es Hunde mit schwarzem Sattel und dunkler Maske. Kleine weiße Abzeichen und helle Innenseiten sind nicht erwünscht, aber zugelassen. Die Nasenkuppe muß immer schwarz sein.

Als Fehler zählen erhebliche anatomische Mängel, Über- oder Untergrößen, Hodenfehler, Zahnfehler und Zahnmängel, erhebliche Pigmentmängel, kurzes Stockhaar oder Langhaar ohne Unterwolle, entstellende Ohren oder Rutenfehler. Helle Krallen, fehlende Maske und rote Rutenspitze haben bei Wertungen Punktabzüge zur Folge.

Auch im Wasser spielt der Langhaar mit Begeisterung.

IM PORTRÄT:
LANGHAAR–SCHÄFERHUNDE

Der Langhaar-Schäferhund wird in verschiedenen Farbschlägen gezüchtet. Alle sollten aber die typische Maske und eine schwarze Nasenkuppe haben.

Gina von Kirchenbrunnen: Schwarz-gelb, Standardposition.

Fünfjährige Hündin in der bekanntesten Farbvariante: schwarzgelb.

Berry vom Tegeler Fließ: dreijähriger Rüde, schwarz-gelb.

Nobody Imperial: fünfjähriger Rüde, dunkelgrau-braun.

Amur Phantasia: Rüde, schwarz-braun, 3 $\frac{1}{2}$ Jahre.

Bingo vom Tegeler Fließ: schwarz- brauner Rüde, 3 Jahre.

Iluna Impe- rial: zwei Jahre alte Hündin, schwarze Farb- variante.

Welpe, 9 Wochen: Spätestens wenn die Ohren stehen, ist er so hübsch wie die anderen.

Wo bekommt man das Tier?

Ich rate Ihnen, den Langhaar entweder als Zufallsprodukt von einem guten SV-Züchter oder von einem guten Züchter der Langhaar-Verbände zu kaufen (Adressen, → Seite 62). Woran Sie einen guten Züchter erkennen, → Seite 15. Kaufen Sie auf keinen Fall von einem Händler oder Massenzüchter. Ein Händler »vertreibt« in der Regel so gut wie alle Hunderassen, kann sich aber nicht um die einzelnen Tiere kümmern. Lassen Sie sich nicht von äußerst gepflegten Zwingeranlagen und wunderbaren Abstammungspapieren täuschen. Auch auf Märkten werden die Hunde oft in erbärmlichem Zustand aus dem Kofferraum heraus verkauft. Kaufen Sie nicht aus Mitleid. Nur durch konsequenten Kaufverzicht läßt sich weiteres Hundeleid verhindern.

Sind Sie bei Importen aus dem Ostblock sehr vorsichtig. Diese Hunde haben oft Papiere eines deutschen Zwingers, sind aber häufig Opfer der Schnellzuchtmethoden in osteuropäischen »Hundefabriken«. Nicht selten kommen sie schon todkrank zur Welt. Auch inländische Mas-

senzüchter haben nur Profit im Sinn und vermehren die Hunde, ohne auf gutes Wesen oder körperliche Gesundheit zu achten.

Welpe oder erwachsener Hund?

Beim Welpen haben Sie den Vorteil, daß Sie die Entwicklungsphasen des Hundes selbst beeinflussen können. Dazu benötigen Sie allerdings viel Zeit und auch das Wissen über tiergerechte Hundeerziehung. Letzteres sollten Sie sich unbedingt vor(!) dem Kauf eines Hundes aneignen. Unbewußte Haltungs- oder Erziehungsfehler können Verhaltensstörungen verursachen. Beim erwachsenen Hund ist die körperliche und wesensmäßige Entwicklung bereits abgeschlossen, und es ist schwer, daran etwas in positiver Richtung zu ändern. Sie sollten sich daher unbedingt vor dem Kauf eines erwachsenen Hundes von einem Fachmann beraten lassen. In den seltensten Fällen werden erwachsene Hunde ohne gesundheitliche oder charakterliche Fehler von ihren Besitzern abgegeben.

Rüde oder Hündin?

Diese Entscheidung hängt von Ihrer persönlichen Einstellung ab. Es gibt hier sehr viele Vorurteile. Ein Rüde kann genauso anhänglich und verschmust sein wie eine Hündin. Und Hündinnen sind nicht generell führiger. Diese Verhaltensweisen sind in erster Linie erziehungs-, ausbildungs- und haltungsbedingt. Denken Sie auch an die bereits in der Nachbarschaft wohnenden Hunde. Hunde gleichen Geschlechts haben oft Streit, wogegen Rüden und Hündinnen sich in der Regel vertragen. Rüden wirken imposanter und werden nicht

Auch zwischen »Hund und Katz« kann Freundschaft gelernt werden.

zweimal im Jahr läufig. Sie werden es aber immer, wenn sie die geruchlichen Signale einer »heißen« Hündin aufnehmen. Dies kann für den Rüden sehr stressig sein, wenn er in einem engen Wohngebiet von mehreren nicht kastrierten Hündinnen buchstäblich umzingelt ist. Rüden markieren, sie setzen an allen möglichen markanten Punkten ihren Urin ab.

Auch Hündinnen markieren manchmal, jedoch nicht in diesem Ausmaß. Hündinnen kommen zweimal jährlich in die Hitze - sie werden läufig -, wobei sie mindestens 20 Tage lang einen Geruch aussenden, der den Geschlechtstrieb der Rüden weckt. Während der Hitze ändern viele Hündinnen ihr Verhalten und werden unruhig, übermäßig anhänglich oder zeigen häufig Scheinträchtigkeit. Sie sind dadurch seelisch belastet und leiden oft sehr darunter.

Zusammenleben mit anderen Heimtieren

Wenn Langhaar-Schäferhunde mit anderen Heimtieren aufwachsen, gibt es kaum Probleme. Wie der Hund, so verfügen auch andere Haustiere über bestimmte arttypische Verhaltensweisen und Verständigungsmöglichkeiten, die ein Zusammenleben regeln.

Mit Katzen kann es möglicherweise Probleme geben, denn sie zeigen in ihrer Körpersprache ähnliche Gesten wie der Hund, nur mit anderer Bedeutung. Wenn ein Hund die Pfote hebt, will er beschwichtigen und bittet um Freundschaft. Mit der gleichen Geste warnt die Katze. Wenn ein Hund das wütende Peitschen des Katzenschwanzes irrtümlich als freundliches Wedeln deutet, kann er sich schnell eine Ohrfeige einhandeln.

Vermeiden Sie die Haltung zu vieler verschiedener Tierarten auf engem Raum. Das jeweilige arttypische Verhalten wird durch das enge Zusammenleben stark gehemmt, und so mancher

TIP

Den guten Züchter erkennen

Vor dem Kauf sollten Sie sich bei den entsprechenden Zuchtverbänden des Langhaar-Schäferhundes über Anschriften guter Züchter informieren. Kaufen Sie aber erst, wenn Sie mehrere Züchter besucht und verglichen haben.

Auf diese Punkte sollten Sie achten:
✔ Ist die Zuchtanlage sauber?
✔ Befinden sich die Zuchttiere in einwandfreiem, gut gepflegtem Zustand?
✔ Verhalten sich die Mutterhündin und die Welpen dem Züchter und Ihnen gegenüber angst- und aggressionsfrei?
✔ Die Welpen müssen unbefangen sein und sollten auch ins Haus dürfen.
✔ Ein verantwortungsvoller Züchter informiert sich ausführlich über Ihre persönlichen Verhältnisse und die zukünftigen Haltungsbedingungen für den Welpen.

Kaufen Sie keinen Welpen, wenn
✔ Sie die Zuchtanlage nicht besichtigen dürfen
✔ Sie die Mutter der Welpen nicht sehen
✔ die Welpen weit ab vom Wohnbereich des Züchters nur im Zwinger oder in einem Schuppen aufwachsen
✔ der Züchter nur seine eigenen Welpen als überdurchschnittlich anpreist und Sie mit angeblich errungenen Pokalen beeindrucken will
✔ der Züchter mit mehr als zwei Hündinnen oder mehrere Rassen gleichzeitig züchtet, denn dann kann er sich zu wenig um die Welpen kümmern.

Hund könnte sich plötzlich daran erinnern, daß das putzige Zwergkaninchen oder der Hamster eigentlich Beute ist.

Den Ball im hohen Gras zu finden ist eine leichte Übung.

Die richtige Ausstattung

Die ersten Tage im neuen Heim sind für einen jungen Hund immer mit Streß verbunden. Einerseits wurde er aus seiner vertrauten Umgebung herausgerissen und von Mutter und Geschwistern getrennt, andererseits ist er umgeben von neuen Gerüchen und Geräuschen. Beschaffen Sie sich deshalb die Grundausstattung für Ihren Welpen so rechtzeitig vor der Abholung des Hundes, daß er bei seiner Ankunft schon alles vorfindet und sich schnell daran gewöhnen kann.

<u>Einen Stammplatz,</u> der nur ihm gehört (flauschige Hundedecke, großer Hundekorb), sollte Ihr Hund auf jeden Fall haben. Darauf soll er sich jederzeit zurückziehen können, wenn er seine Ruhe haben will oder wenn er zur Ruhigstellung dorthin geschickt wird.

<u>Das Halsband</u> sollte aus anschmiegsamem Material (Leder, Nylon) bestehen und verstellbar sein, damit es mitwachsen kann. Seine Breite muß mindestens zwei Halswirbel überdecken. Kettenhalsbänder sind leider immer noch weit verbreitet, sind aber im Hinblick auf positive

Erziehung nicht notwendig. Sie können unter Umständen den Kehlkopf oder die Halswirbel verletzen.

Benützen Sie nie ein sogenanntes Stachel- oder Korallenhalsband! Es gibt keinen vernünftigen Grund, dem Hund bei der Erziehung oder Ausbildung Schmerzen zuzufügen.

Die Leine sollte gut 2 m lang, für den Welpen leichter und für den erwachsenen Hund stabiler sein. Sie sollte einen sicheren Karabinerhaken haben. Leinen mit Kettengliedern und Führschlaufe sind ungeeignet. Für das exakte Fußgehen brauchen Sie noch eine 1 m lange Leine.

Zur Fellpflege kaufen Sie eine Hundebürste mit harten Borsten, einen Kamm mit feinen und gröberen Zinken, einen Rechenstriegel mit abgerundeten Zinken sowie einen Staub- oder Flohkamm.

Das verwendete Spielzeug muß so gestaltet sein, daß sich der Hund daran nicht verletzen kann, auch darf es nicht splittern. Vermeiden Sie Kunststoffspielzeug, auch wenn Ihnen versichert wird, daß es dem Hund nicht schadet, wenn er Teile davon frißt. Wenn sich der Hund selbst damit beschäftigt, wird es in der Regel von ihm zerbissen.

Einfache und zweckmäßige Spielzeuge sind zum Beispiel Hartgummiball, Beißwulst aus Rupfen, dickes Seil mit Knoten oder zusammengeknotete alte Wollsocken. Bedenken Sie aber, daß Spielzeug für den Hund nur interessant ist, wenn es ihm streitig gemacht wird.

Werfen Sie keine Steine, sie schädigen die Zähne des Hundes. Beim Werfen des »klassischen« Stöckchens kann sich der Hund unter Umständen im Fang schwer verletzen.

Getrocknete Rinderohren, Ochsenziemer oder Pansen geben Sie ihm zum Kauen und Beißen. Aber vergessen Sie bitte nicht, dies bei der Berechnung der Tages-Futterration mitzuzählen. Sonst wird der Hund zu dick.

Checkliste
Ausstattung

1 Liegeplatz muß so groß sein, daß sich der Hund bequem ausstrecken kann.

2 Hundedecke muß kochbar sein, da sie der Intimplatz des Hundes ist. Die Decke im Auto aus wasserabweisendem Material dient im Auto als Schutz für die Polster, im Kombi als Liegefläche.

3 Verstellbares Halsband mit Adreßanhänger aus anschmiegsamem Material. Zwei leichte Leinen für den Welpen, stabilere Leinen für den erwachsenen Hund, je 1 und gut 2 m lang.

4 Bürste mit harten Borsten, fein- und grobzinkiger Kamm und Striegel zur Fellpflege.

5 Wasserschüsseln sollten schwer sein, z.B. aus glasiertem Ton, weil dann das Wasser länger kühl hält.

6 Futterschüsseln, z.B. aus Edelstahl, müssen gut zu reinigen sein. Entweder in einem Ständer oder mit Rutschschutz. Größe je nach Alter.

PRAXIS EINGEWÖHNUNG

Bevor Sie Ihren Welpen beim Züchter abholen, sollten Sie mit ihm schon einige Male Kontakt aufgenommen haben. Wenn er Sie bereits kennt, ist der Trennungsschmerz von der Mutter oder den Geschwistern nicht so groß.

Ist dies nicht möglich, legen Sie ein Handtuch oder eine Decke in den Raum, in dem sich die Welpen aufhalten, damit diese den Geruch der alten Umgebung annimmt. Währenddessen können Sie mit dem Züchter die Formalitäten abwickeln.

Der Welpe sollte einige Stunden vor der Autofahrt nicht mehr gefüttert werden, damit er während der Fahrt nicht so leicht erbricht. Eine Begleitperson muß fahren, damit Sie sich voll um Ihren Hund kümmern können.

Diese ersten Kontakte sind für den Welpen prägend. Nehmen Sie ein Handtuch, eine Rolle Küchenpapier, Halsband, Leine, Napf, frisches Wasser und eine trockene Semmel für die Fahrt mit. Kleine Bröckchen der Semmel saugen Magensäure auf. Am Anfang der

Fahrt legen Sie den Welpen im Fußraum des Beifahrersitzes auf der Decke ab, die Sie vorher beim Züchter mit den Gerüchen des Zwingers »geimpft« haben.

Lassen Sie ihn anfangs nicht zum Fenster hinausschauen. Die vorbeifliegende Landschaft kann Übelkeit verursachen. Bei längerer Autofahrt sollten Sie schon nach einer halben Stunde und dann jede Stunde eine kleine Pause machen, in der der Hund angeleint sein Geschäft verrichten kann.

Stubenrein machen

Sie bekommen den Welpen nur stubenrein, wenn er die ersten Wochen ununterbrochen unter Ihrer Aufsicht ist.

Bringen Sie den Welpen gleich nach dem Erwachen, unmittelbar nach dem Füttern oder Trinken, nach, nötigenfalls auch während eines längeren Spiels immer durch die gleiche Tür nach draußen. Loben Sie ihn überschwenglich, während er sein Geschäft verrichtet. Wenn trotzdem etwas passiert - aber nur, wenn Sie den Hund auf frischer Tat ertappen -, schimpfen Sie ihn und tragen ihn gleich hinaus. Dort warten Sie, bis er wieder sein Geschäft gemacht hat und loben ihn. Sie dürfen den Welpen auf keinen Fall zur Strafe in seine Pfütze oder sein Häufchen tauchen und dabei noch am Genick packen und schütteln. Er verbindet diese Strafhandlung nicht mit dem Mißgeschick, sondern verliert nur das Vertrauen zu Ihnen.

In der Nacht sollte der Hund in Ihrer Nähe in

Immer die gleiche Tür bietet dem Welpen die Möglichkeit sauber zu werden.

einem nach oben offenen Korb oder einer Kiste schlafen, aus der er nicht so leicht heraus kann. Wird er unruhig, tragen Sie ihn hinaus und loben ihn nach dem Geschäft.

Zu Hause angekommen

Nachdem sich der Zwerg zu Hause im Garten gelöst hat, legen Sie ihn auf seine Decke und lassen ihn zunächst in Ruhe. Er soll selbst mit den anderen Familienmitgliedern Kontakt aufnehmen. Ist er wieder mobil, bieten Sie ihm Futter und anschließend Wasser an. Danach müssen Sie ihn gleich wieder in den Garten setzen. Legt er sich ermüdet ab, tragen Sie ihn auf seine Decke zurück und lassen ihn schlafen.

Die ersten Tage

In den ersten Tagen legen Sie den Grundstein für ein gutes Miteinander.

✔ Nennen Sie seinen Namen immer in Verbindung mit etwas Positivem wie Streicheln, Leckerle geben, dann wird der Welpe schnell darauf hören.

✔ Nehmen Sie ihn nicht zu sich ins Bett. Einmal daran gewöhnt, ist es schwer, ihm das wieder abzugewöhnen.

Links: Die lockere Leine soll Freude machen.
Rechts: Das Leckerle motiviert zu kommen und vorzusitzen.

✔ Der Hund erlebt immer nur die gerade ablaufende Situation. Sie können ihn also nur zu diesem Zeitpunkt positiv oder negativ beeinflussen.

✔ Er beobachtet Sie ganz genau und testet immer wieder Ihre Konsequenz.

✔ Während des täglichen Spiels lernen Sie sich gegenseitig genau kennen. Dabei baut er Vertrauen zu Ihnen auf.

✔ Bei Unsicherheiten

Der Korb bietet Übersicht und Ruhe.

muß er motiviert werden. Bei unerwünschtem Verhalten muß er Ihren Unwillen erkennen.

Hat sich der Welpe im engeren Wohnbereich (Haus und Garten) und in der näheren Umgebung nach einigen Tagen eingewöhnt, können Sie allmählich mit weiteren Ausflügen beginnen. Langsam wird der Hund an verkehrsreichere Straßen herangeführt, und ein Hundeverein wird zum Sozialspiel mit anderen Welpen aufgesucht. Er muß jetzt auch sein Vertrauen zur Umwelt und zu fremden Menschen ausbauen.

DER RICHTIGE UMGANG IM ALLTAG

In den ersten Monaten wird der Grundstein für ein problemloses Zusammenleben mit dem Langhaar-Schäferhund gelegt. Artgerechte Haltung, ausgewogene Ernährung und gute Pflege sorgen zusätzlich dafür, daß es dem Hund bei Ihnen gut geht.

Die Sozialisierungsphase

Für das problemlose spätere Zusammenleben mit Ihrem Hund und dessen Auftreten in der Öffentlichkeit ist die ausreichende Sozialisierung des Welpen und Junghundes eine unverzichtbare Grundvoraussetzung.

Etwa in der 2. bis 3. Lebenswoche beginnen die für den Hund wichtigen Prägungsphasen. Er lernt den Grundstock des Sozialverhaltens im Spiel und Umgang mit seiner Mutter und seinen Geschwistern. In dieser Phase beginnt es sich zu entscheiden, ob der Hund in den späteren Prägungsphasen bis etwa zur 20. Lebenswoche überhaupt in der Lage sein wird, soziale Beziehungen zu Artgenossen und Menschen aufzubauen und zu festigen.

Ein guter Züchter wird sich ab diesem Zeitpunkt vermehrt um die Welpen kümmern und sich gezielt mit ihnen beschäftigen. Er muß die Welpen mehrmals wöchentlich für kurze Zeit von den Geschwistern und der Mutter trennen, mit ihnen spielen, sie den Garten erkunden lassen und sie mit allen möglichen Umweltgeräu-

schen vorsichtig konfrontieren, die sie nach der Abgabe in eine neue Umgebung vorfinden werden. Auch Kinder (natürlich unter Aufsicht eines Erwachsenen) müssen in dieser Entwicklungsphase unbedingt in das Spiel der Welpen mit einbezogen werden, damit der Hund auch später zu Kindern Vertrauen hat.

Ab der 9. bis 12. Woche lernt der Welpe die Autorität erwachsener Hunde und die des Menschen zu respektieren, sowie die in einem Menschenrudel geltenden Gesetze. Das soziale Lernen ist noch lange nicht abgeschlossen, und die arttypischen Verhaltensweisen haben sich noch nicht gefestigt.

Diese Lebensphase sollte der Hund schon bei Ihnen erleben. Sie sind jetzt allein für die Gestaltung seiner Erlebniswelt verantwortlich. Daher sollten Sie vor der Anschaffung eines Hundes so viel wie möglich über den artgerechten Umgang mit Welpen lernen. Der Welpe testet jetzt aus, wie weit er gehen kann. Dies lernt er beim täglichen gemeinsamen Spiel, wobei es hier unbedingt auf die richtige Ausgewogenheit von Vertrauen, Rangordnung und Kommunikation ankommt. Da durch das gezielte Spiel auch ganz nebenbei die richtige Bindung zwischen Hund und Mensch gefördert wird, sollten Sie

Mit dem Langhaar gut beschützt durch Feld und Flur.

täglich sehr viel Zeit für Ihren Welpen aufwenden. Er braucht in dieser Phase aber unbedingt auch das regelmäßige Sozialspiel mit stets wechselnden fremden Hunden (→ Prägungsspieltage, Seite 22).

Von der 12. bis etwa 20. Lebenswoche wächst der Welpe zum Junghund heran. Was der Hund auch in dieser Zeit positiv oder negativ erlebt, ist für später fest geprägt. Was er nicht erlebt, weil Sie in dieser Entwicklungsphase keine Zeit für ihn hatten, fehlt ihm später. Diesen Mangel an Erfahrungen kann er kaum nachholen. Solche Hunde fallen in der Öffentlichkeit, oft aber auch innerhalb der Familien durch assoziales Verhalten auf. In Verbindung mit falscher Erziehung (sie stehen in der Rangordnung über ihren Menschen) sind Verhaltensprobleme solcher Hunde quasi vorprogrammiert. Weil diese Hunde von einem unwissenden Züchter und/oder leichtsinnigen Erstkäufer keine Chance bekamen, richtig sozialisiert zu werden, enden die meisten davon in Einzelhaft im Tierheim. Von dort aus haben gerade Schäferhunde so gut wie keine Chance mehr, an neue Plätze vermittelt zu werden. Die Angst vor großen, schwarzen Hunden ist groß.

Besuch bei Prägungsspieltagen

Prägungsspieltage werden von guten Vereinen angeboten. Hier lernt der Welpe auch andere Rassen mit unterschiedlichen Temperamenten kennen und weiß sich mit der Zeit ihnen gegenüber durchzusetzen oder sich zu unterwerfen, wenn es notwendig ist. Auch wenn das Welpenspiel manchmal sehr grob erscheint, sollte der Besitzer des »Grobians« nur einschreiten, wenn dieser die sozialen Regeln überschreitet. Die Platzaufsicht wird hier in der Regel entscheiden. Oft hilft auch der Wechsel eines solchen Draufgängers zu den erwachsenen Hunden, die ihm auf Hundeart zeigen, wie er sich zu benehmen hat.

Wenn die Welpen zu dieser Zeit kaum oder gar keinen Kontakt zu Artgenossen haben, richtet sich ihr Sozialverhalten zu stark am Menschen aus. Solche Hunde sind dann später nicht mehr in der Lage, soziale Kontakte mit anderen Hunden aufzunehmen, und gerade Schäferhunde reagieren dann bei Annäherung von anderen Hunden aggressiv, selten mit Flucht. Manchmal töten solche fehlgeprägten Hunde andere, meist kleinere Artgenossen, obwohl sich diese artgerecht unterworfen hatten. Im anderen Fall unterwerfen sie sich einem stärkeren Hund möglicherweise nicht, und es kommt dadurch beim Kontrahenten nicht zur Auslösung der Beißhemmung.

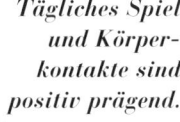

Tägliches Spiel und Körperkontakte sind positiv prägend.

Gefahren für den Langhaar-Schäferhund

Gefahr	Mögliche Folgen	Vermeiden der Gefahr
Herumtollen auf glatten Böden	Verletzungsgefahr der Bänder, Sehnen und Muskeln	Teppiche auslegen
Scharfe oder spitze Gegenstände	Verletzungsgefahr durch Schneiden oder Stechen	Solche Gegenstände nie herumliegen lassen
Zu kleines, unverdauliches Kinderspielzeug	Verschlucken, Gefahr eines Darmverschlusses	Nie zu kleines Spielzeug kaufen, das der Hund verschlucken kann
Stromkabel in der Steckdose	Stromschlag beim Durchknabbern, darüber stolpern	Stromkabel aus Steckdose ziehen
Chemikalien, Wasch- und Putzmittel, Pflanzenschutzmittel	Vergiftung oder Verätzungen	Für den Hund unerreichbar aufstellen. Auf die Anwendung von Pflanzenschutzmitteln sowie Mäuse- oder Rattengift verzichten
Giftige Zimmer- und Gartenpflanzen	Vergiftung durch Fressen	Darauf verzichten oder unerreichbar anpflanzen
Steile oder freitragende Treppen	Sturz oder Abrutschen	Mit Kindergitter sicher absperren
Balkonbrüstung	Absturz	Absturzsicherung wie Netze anbringen (im Fachhandel erhältlich)
Niedrige Fensterbrüstungen	Sturz aus dem Fenster, eingeklemmt werden zwischen Fenster und Wand	Die Fenster immer nur kippen. Bei geöffneten Fenstern den Hund nicht ohne Aufsicht lassen!
Wassergefüllter Swimmingpool oder Gartenteich	Ertrinken	Mit Zaun oder Netz sichern, wenn keine Kletterhilfen eingebaut sind. Den Hund im Freien beaufsichtigen
Entweichen des Hundes	Überfahren werden, erschossen werden	Ausbruchsicherer Zaun – für einen Schäferhund mindestens 180 cm hoch und am Boden gegen Durchgraben abgesichert

Beziehung Mensch – Hund

Obwohl der Beginn der Domestikationsge-schichte des Hundes viele Jahrtausende zurück-liegt, schlummert noch in jedem Hund ein gu-tes Stück von seinem beutejagenden Vorfahren, dem Wolf. Als Rudeltier fällt dem Langhaar-Schäferhund die Integration in sein Menschen-rudel nicht schwer - vorausgesetzt, Sie kennen und beachten seine arteigenen Bedürfnisse und behandeln ihn mit Liebe und Konsequenz.

Seine enorme Anpassungsfähigkeit versetzt den Hund in die Lage, auch schlechte Haltungsbe-dingungen eine Zeitlang zu überstehen, bevor er seine Leiden durch Verhaltensstörungen an-zeigt. Im Gegensatz zur Katze wird er auch ei-nen groben Menschen nicht verlassen, denn er ist als Rudeltier absolut von uns abhängig. Der Mensch entscheidet schon bei der Zuchtaus-wahl, später bei seiner Haltung und Pflege, bei der Erziehung und Ausbildung über das Wohl oder Wehe des Hundes.

Die wenigsten Langhaar-Schäferhunde werden heute als Dienst- oder Arbeitshunde verwendet. Aufgrund ihres sozialen Wesens werden sie überwiegend als Familien- oder Begleithunde gehalten. Viele Besitzer von Schäferhunden wis-sen aber nicht, daß diese Hunde bestimmte Be-dürfnisse haben, die erfüllt werden müssen. Im Kapitel »Spielen als Beschäftigung« (→ Seite 50) erfahren Sie Näheres dazu.

Kinder und Schäferhund

Kinder sind für einen Langhaar-Schäferhund kein Problem, wenn sie von ihren Eltern dazu erzogen werden, ihn tiergerecht zu behandeln und ihn nicht als Spielzeug zu mißbrauchen. Bei entsprechender Erziehung (Sozialisierung) und Aufsicht (nie Kleinkinder mit dem Hund al-lein lassen!) ist der Langhaar ein zuverlässiger Freund Ihrer Kinder (→ Seite 26).

Körperkontakt ist wichtig

Durch Körperkontakt mit seiner Mutter und seinen Geschwistern, später auch mit seinen Menschen bekommt der junge Hund eine bes-sere Kontrolle über seine Bewegungen. Auch der Mensch profitiert davon, denn intensive Be-schäftigung mit dem Hund senkt nachgewiese-nermaßen den Blutdruck, der Streß löst sich auf. Berühren Sie Ihren Hund gezielt und bewußt. Vermeiden Sie dabei aber massageähnliche, tie-fer gehende Muskelbearbeitungen, denn diese können dem Hund unangenehm sein und mehr schaden als nützen. Führen Sie mit der lockeren, wie zu einer Muschel gewölb-ten Innenseite der Handflächen und Fin-gerspitzen mit sanftem Druck kreisende Bewegungen aus, so daß sich nur die Haut über den Muskeln verschiebt. Üben Sie immer nur einige Minuten. Beginnen Sie am Bauch des Hundes mit schnellen Bewegungen, die – wie Ihre Atmung - langsamer werden. Dabei summen oder reden Sie mit beruhigender, tiefer Stimme. Hat sich der Hund entspannt, lassen Sie eine Hand ruhig auf ihm liegen, während Sie

»Ich schwöre: die Würste sind nicht gestohlen, sondern ›gefunden‹!«

mit der anderen systematisch den ganzen Hundekörper in kleinen kreisförmigen Bewegungen bearbeiten. Wenn Ihr Hund diese Berührungen genießt, dann gehen Sie auf empfindlichere Körperteile über. Bearbeiten Sie zum Beispiel vorsichtig die Haut zwischen den Zehen. Lassen Sie seine Ohren vom Ansatz bis zu den Spitzen durch Zeigefinger und Daumen gleiten. Mit zunehmender Gewöhnung können Sie auch experimentieren.

Verhaltensregeln in der Öffentlichkeit

Durch unwissendes und gedankenloses, aber auch rücksichtsloses Verhalten vieler Hundebesitzer haben Hundehalter in den Augen der Öffentlichkeit teilweise einen schlechten Ruf. Es gibt viele Menschen, die vor Hunden panische

Gezielte Körperkontakte vermitteln Vertrauen und Körperbewußtsein.

Angst haben oder sie sogar hassen. Dies wird noch unterstützt durch rücksichtslos freilaufende, meist unerzogene Hunde. Da hilft auch der aus weiter Entfernung angekündigte Ruf: »Der tut nix!« nichts.

Auch wenn zwei Hunde zusammentreffen, können Probleme auftreten. So etwa, wenn einer der Hunde aus dem Tierheim stammt, in das er kam, weil er in seinen Prägungsphasen die sozialen Mechanismen im Umgang mit anderen Hunden nicht lernen konnte und auf Artgenossen aggressiv oder mit Angst reagiert. Einen sozial-gestörten Hund darf man nicht von der Leine lassen, damit er sich nach Hundeart mit

10 Goldene Regeln
Verhalten Kind und Hund

1 Lassen Sie Kinder unter 10 Jahren nie mit dem Hund allein. Babys und Kleinkinder sind auch für gut sozialisierte Hunde tabu.

2 Kinder unter 10 Jahren dürfen keine Gehorsamsübungen mit dem Hund durchführen, denn er erkennt das kleine Kind noch nicht als Führer an.

3 Kinder im Alter über 10 Jahren sollten unter Aufsicht der erwachsenen Bezugsperson des Hundes lernen, mit dem Hund Unterordnungsübungen und gezielte Spiele durchzuführen, damit sich der Hund auch den älteren Kindern unterordnet.

4 Kinder müssen den Intimplatz/Schlafplatz des Hundes sowie seine Futterstelle respektieren.

5 Wenn sich der Hund in einem Kinderhaushalt auf seinen Intimplatz zurückzieht, zeigt er an, daß er seine Ruhe haben will. In diesem Fall darf er von den Kindern nicht weiter bedrängt werden.

6 Nie schnell von hinten an einen Hund herantreten.

7 Bei fremden, lebendigen Kindern schonen Sie besser Ihre und die Nerven Ihres Hundes, indem Sie ihn sicher unterbringen. Sein angeborener Beschützertrieb schafft sonst eventuell brenzlige Situationen.

8 Kinder dürfen den Hund nie in den »Schwitzkasten« nehmen. Der Hund bekommt Platzangst. Durch Ärgern wird das Schnappen gefördert.

9 Hektische Kinderspiele motivieren einen jungen Hund zum Mitspielen.

10 Kinder sollten nie schreiend oder bedrohend auf den Hund zulaufen oder vor ihm weglaufen.

dem anderen »unterhalten« kann. Es würde zu einer heftigen Auseinandersetzung führen.

Ein Hund leidet nicht darunter, wenn er an einer 2 bis 3 m langen Leine ausgeführt wird, weil es die Umstände erfordern. Zum Ausgleich müssen Sie mit ihm auf sicheren Plätzen gezielte Spiele durchführen (→ Seite 49).

Hunde, die das lockere Gehen an der langen Leine nicht gelernt haben, zerren daran; das ist lästig und deshalb lassen die Hundehalter den Hund trotz hohem Risiko lieber unkontrolliert laufen.

Viele Leute weichen mit ihren Hunden in Feld und Flur oder in den Wald aus. Sie können sich nicht vorstellen, daß sie auch dort Umweltschäden verursachen. Zum Beispiel, weil die herumtobenden Hunde die Eier oder Jungen von am Boden brütenden Vögeln töten.

Ein anderes Beispiel: Ihr arbeitsloser Schäferhund probiert an einer Schafherde das Hüten aus und versetzt die Schafe in Panik. Die Hunde des Schäfers werden angreifen, und der Schäfer wird Sie zur Verantwortung ziehen.

Im Wald darf Ihr Langhaar« nicht frei herumlaufen oder gar jagen. Sie bekommen Schwierigkeiten mit den Jägern. Hinzu kommt, daß Ihr Hund vom Jäger abgeschossen werden darf, wenn er wildert. Im Winter genügt allein die Anwesenheit eines Hundes im Wald, daß das Wild aus seinen sicheren Standplätzen aufgescheucht wird. Durch die Flucht verbraucht es viel Energie und hat dadurch schlechtere Überlebenschancen.

Wichtig: Ein guter Hundehalter fällt mit einem gut erzogenen Hund in der Öffentlichkeit nicht auf, weil er die ungeschriebenen Regeln im Umgang mit seinem Hund in der Öffentlichkeit einhält. Der Besitz eines Hundes kann in der heutigen Zeit nur Sinn und Freude machen, wenn durch die Hundehaltung niemand geängstigt, belästigt oder gar geschädigt wird.

TIP

Den Hund richtig ausführen

✔ Umgehen Sie Kinderspielplätze, um Kot- oder Urinabsatz dort zu vermeiden. Beim Spielen könnten sich die Kinder mit Krankheitserregern infizieren.

✔ Wenn Ihr Hund auf öffentlichen Wegen oder Plätzen Kot absetzt, müssen Sie diesen selbstverständlich sofort entfernen. Mit einer mitgeführten Plastiktüte ist das gleich erledigt.

✔ In Gaststätten oder Biergärten darf ein Hund nicht frei herumlaufen. Kaum jemand läßt sich gern von einem fremden bettelnden Hund beim Essen belästigen.

✔ Nur ein Hund, der aufs Wort gehorcht, darf frei laufen. Er sollte sich aber nicht weiter als 20 Meter von Ihnen entfernen, um in Ihrem Einflußbereich zu bleiben.

✔ Ein unerzogener Hund darf nur an sicheren Plätzen frei laufen.

✔ Freilaufende Hunde dürfen angeleinte Hunde nicht belästigen.

✔ Nehmen Sie im Wald den Hund immer an die Leine. Hunde mit Jagdpassion müssen auch in Feld und Flur an die Leine genommen werden.

✔ Weichen Sie Entgegenkommenden mit dem angeleinten Hund immer nach links aus, weil Sie sich dann sicherheitshalber zwischen Ihrem Hund und der Person befinden.

✔ Demonstrieren Sie gegebenenfalls Passanten, wenn Ihr Hund frei läuft, daß Sie den Hund unter Kontrolle haben. Dies sind gleichzeitig gute Gehorsamsübungen.

Die Ernährung

Bei der Ernährung ist der Hund vollständig von Ihnen abhängig. Die Verantwortung liegt allein bei Ihnen, ob er mit der ihm gebotenen Nahrung gut gedeiht, oder ob er durch Fehlernährung geschädigt wird.

Welches Futter ist richtig?

Das im Handel in vielfältigster Form angebotene Fertigfutter ist je nach Qualität mehr oder weniger exakt auf die Bedürfnisse des Hundes abgestimmt. Sie haben die Wahl zwischen Naßfutter, Halbfeuchtfutter und Trockenfutter. Komplettfutter ist auf die Bedürfnisse des Hundes abgestimmt. Zusätzlich beinhaltet es auch die notwendigen Vitamine und Mineralstoffe. Die Palette reicht vom Welpenfutter über Nahrung für besonders belastete Hunde (wie Schlittenhunde), spezielles Futter für alte Hunde bis zum Diätfutter.

Bei allen Fertigfuttersorten handelt es sich um konservierte Nahrung mit langer Haltbarkeit. Aus meiner praktischen Erfahrung weiß ich, daß manche Hunde die ausschließliche Ernährung mit konserviertem Futter nicht immer vertragen und es teilweise auch ablehnen.

Ich ernähre meine Hunde mit naturbelassenen und kaum konservierten Nahrungsmitteln.

Bestandteile der täglichen Nahrung

Die tägliche Nahrung eines Hundes muß folgende Bestandteile enthalten.

Eiweiß ist in Fleisch, Fisch oder in Milchprodukten enthalten. Geeignet ist Fleisch vom Rind, Pferd, Lamm, Wild, von Geflügel und Fisch. Der Fleischanteil sollte je nach Alter des Hundes 20 bis 60 % betragen. Verfüttern Sie nur Fleisch, das von amtlichen Fleischbeschauern untersucht wurde. Wenn Ihr Hund rohes Fleisch nicht verträgt, muß es abgekocht werden. **Achtung:** Rohes Schweinefleisch kann den für den Hund tödlichen Aujeszkyschen Virus enthalten. An rohem Geflügelfleisch kann sich Ihr Hund mit Salmonellen infizieren. Durch Kochen werden alle Erreger abgetötet.

Fette sind im Misch- oder Kopffleisch ausreichend vorhanden. Ihr Anteil darf 5 % nicht unterschreiten. Zusätzlich bekommt der Hund täglich einen Teelöffel kaltgepreßtes Pflanzenöl (Weizenkeimöl) und im Winter statt dessen einen Teelöffel Lebertran.

Kohlenhydrate in Form fertiger Flocken zur Frischfleischbeimischung werden im Handel angeboten. Beim wachsenden Hund sollten sie 40 % und beim erwachsenen Hund je nach Belastung bis zu 75 % der Gesamtfuttermenge ausmachen. Gekochte Nudeln oder Kartoffeln als Brei können ungewürzt in geringen Mengen zu den Flocken gemischt werden.

Mineralstoffe wie Kalzium, Phosphor und Natrium sowie lebenswichtige Spurenelemente dürfen im Futter nicht fehlen. Lassen Sie sich von Ihrem Tierarzt beraten. Bei der Verwendung

Ein getrockneter Ochsenziemer reinigt die Zähne und kräftigt das Gebiß.

von bereits angereicherten Fertigflocken dürfen Sie zusätzliche Mineralstoffe nur nach Zustimmung Ihres Tierarztes verwenden.
Vitamine sind in Obst, Gemüse, Lebertran, Bierhefe, Knoblauch und in Zwiebeln enthalten. Feingehackte junge Brennesselblätter, Löwenzahnblätter, Petersilie und andere Küchen- sowie gezielt dosierte Heilkräuter sind ein sehr gesundes Beifutter, sollten aber bei der täglichen Futtermenge eines Langhaar-Schäferhundes nicht mehr als 2 gehäufte Eßlöffel ausmachen. Rohes Gemüse muß im Mixer zu Mus zerkleinert oder blanchiert werden, weil der Hund Rohfaser nicht verdauen kann. Er braucht sie jedoch in kleineren Mengen zur Anregung der Darmtätigkeit. Rohfaser ist in Getreide oder ro-

Kinder sprechen noch eine klare verständliche Körpersprache.

hen Gemüsen wie Karotten und Kohlrabi ausreichend enthalten.
Knochen sind kein Nahrungsmittel (Verstopfungsgefahr). Manche Hunde erbrechen auf Knochen oder bekommen sogar Durchfall. Auf keinen Fall dürfen Sie Knochen von Wild, Geflügel oder Röhrenknochen verfüttern. Diese zersplittern beim Zerbeißen und können den Darm verletzen. Geben Sie dem jungen Hund zwei- bis dreimal wöchentlich Kalbsknorpel in kleineren Mengen zum Beißen, dem erwachsenen Hund entsprechend mehr.

Einem alten Hund dürfen Sie auf keinen Fall Knochen geben. Geeignet sind getrocknete Ochsenziemer, Rinderhaut, Rinderohren oder getrockneter Pansen zum Kauen. Achten Sie darauf, daß alles vom Rind stammt.
Hartes, getrocknetes Vollkornbrot ist ein empfehlenswertes Beifutter.

Vorschlag für ein Frühstück

Je nach Alter des Hundes 50 bis 100 g Quark, Milch und Haferflocken oder gekochten Reis suppig mischen, 1 Eidotter (ohne Eiweiß) und 1 gestrichenen Teelöffel Honig und abwechselnd statt Honig Blütenpollen dazugeben. Wenn alles fertig zusammengerührt ist, sollte die Mischung cremig sein.

Wasser

Wasser muß dem Hund ständig zur Verfügung stehen. Der Wassernapf soll immer am gleichen Platz stehen und muß täglich frisch gefüllt werden. Kontrollieren Sie täglich, wieviel Ihr Hund trinkt. Übermäßiger Wasserverbrauch kann auf Erkrankungen hindeuten.
Wenn Ihr Langhaar gerne Milch trinkt und sie auch verträgt, soll er sie bekommen. Beachten Sie aber, daß Milch Durchfall verursachen kann, wenn sie der Hund innerhalb von 4 Stunden vor oder nach einer Fleischmahlzeit trinkt.

Die richtige Futtermenge

Es gibt gute und schlechte Futterverwerter. Außerdem hängt die Futtermenge von der Belastung des Hundes ab. Wenn Ihr Hund bisweilen nichts oder nur wenig ißt, haben Sie vielleicht das Glück, noch einen Hund zu haben, der selbst weiß, wieviel ihm gut tut. Wenn sein Ernährungszustand gut ist und er sonst keine Krankheitsanzeichen zeigt (→ Seite 55), gibt es keinen Grund zur Besorgnis.
Versuchen Sie nicht, ihn durch besondere Leckerbissen zum Weiterfressen zu motivieren. Er verlangt diese Schmankerl sonst immer wieder, und Sie erziehen ihn zum Feinschmecker. Einem Langhaar-Schäferhund sieht man wegen seines dichten Fells oft nicht an, ob er zu dick ist. Übergewicht birgt für den Hund aber viele gesundheitliche Risiken und kann sein Leben beträchtlich verkürzen. Bewegungsunlust, Herz-Kreislauf-Probleme, Überbelastung der Sehnen und Gelenke sind nur einige Beispiele.
Testen Sie seine Figur. Der Hund ist zu dick, wenn Sie auf mittlerer Höhe hinter seinen Schulterblättern die Rippen nicht deutlich fühlen können und das Tier keine Taille mehr hat.
Bevor Sie Ihrem Hund Abnehmen verordnen, sollte der Tierarzt eventuelle organische Ursachen der Fettleibigkeit ergründen und behandeln. Ist die Ursache zuviel Futter, dann wird er dem Hund eine Reduktionskost verordnen. Es gibt auch Fertigdiäten. Am einfachsten ist die Halbierung der Futtermenge.

*Unterwerfen will
geübt sein.*

Das sollten Sie beachten

✔ Ungesund sind gewürzte Essensreste, Wurstreste oder Süßigkeiten.

✔ Das gemischte Futter sollte handwarm und nicht zu suppig sein.

✔ Lassen Sie den Hund zusehen, wenn Sie sein Futter zubereiten. Sein Appetit wird dadurch angeregt.

✔ Während der Mahlzeit sollte der Hund ungestört sein. Halten Sie Kinder oder andere Heimtiere fern.

✔ Beobachten Sie den Hund beim Essen. Er sollte zügig seine Schüssel leeren. Geht er vom Napf weg, wird dieser samt Futterrest sofort entfernt. Bei der nächsten Mahlzeit bekommt der Hund entsprechend weniger. Zeigt er durch intensives Auslecken der Schüssel, daß es zu wenig war, geben Sie ihm bei der nächsten Mahlzeit entsprechend mehr.

✔ Geben Sie niemals(!) nach, sonst bestimmt in Zukunft der Hund, wieviel gefressen wird.

✔ Die Futterschüssel nach der Fütterung sofort heiß auswaschen und wegstellen.

✔ Füttern Sie den Hund immer am gleichen Platz und zur gleichen Zeit.

✔ Er sollte von Anfang an erst auf ein bestimmtes Wort mit dem Fressen beginnen. Dies steigert Ihre Dominanz dem Hund gegenüber und der Hund läßt sich auch unerlaubte Dinge wieder aus dem Fang nehmen.

✔ Füttern Sie einen jungen Hund 3- bis 5mal täglich, einen erwachsenen Hund 2mal täglich.

✔ Zwischen den Mahlzeiten keine Leckerbissen reichen, außer während der Ausbildung. Diese Belohnungshäppchen müssen Sie aber zur täglichen Futtermenge dazurechnen.

Wichtig: Mindestens 2 bis 3 Stunden nach einer Mahlzeit darf mit dem Hund weder gearbeitet noch gespielt werden. Es besteht sonst die Gefahr einer Magendrehung, die zum Tod führen kann!

TIP

Gesundes Hundemenü

50 % Naturreis und 50 % Sechskorngetreidemischung mittelgrob geschrotet, koche ich etwa 10 Minuten lang in Wasser (ungefähr 3 Teile Wasser auf 1 Teil Getreide-Schrot-Mischung). Nach etwa 8 Minuten gebe ich unter den Brei rohes, zerkleinertes Gemüse wie Karotten, Kohlrabi, Rosenkohl, Blumenkohl, Sellerie, Petersilienwurzel, Spargel, Lauch oder Zwiebeln und koche alles noch 2 Minuten.

Mit diesem kochend-heißen Getreide-Gemüsebrei vermische ich das grob durchgedrehte Fleisch (Misch- oder Kopffleisch). Wenn Ihr Hund frischen Knoblauch verträgt und nicht ablehnt, pressen Sie jetzt noch eine halbe Zehe davon hinein oder geben eine geringe Menge Knoblauchgranulat dazu.

Lassen Sie die Mischung auf handwarm abkühlen, dann geben Sie noch 1 gehäuften Eßlöffel fein gehackte Kräuter (Petersilie, junge Brennessel- oder Löwenzahnblätter), eine dem Alter des Hundes entsprechende Menge Mineralstoffe (vom Tierarzt beraten lassen) und einen Teelöffel Pflanzen- oder Fischöl dazu. Nachdem Sie alles gut durchgemischt haben, streuen Sie 1 Teelöffel Hefeflocken darüber - und Ihr Hund wird begeistert sein.

Obst – ganz gleich welcher Art – sollten Sie nicht unter diesen Brei mischen. Manche Hunde stört der Obstgeschmack in Verbindung mit Fleisch. Wenn Ihr Hund gerne Obst ißt, geben Sie es ihm zwischen den Mahlzeiten.

Die Pflege des Hundes

*Vitalität und Ausdauer ist eine Frage
des Trainings.*

Die Pflege speziell beim Langhaar ist natürlich
aus hygienischen Gründen und zur Gesunder-
haltung des Hundes notwendig. Gepflegte Hunde sind weniger krankheitsanfällig. Darüber
hinaus steigert die regelmäßige Beschäftigung
mit dem Körper des Hundes auch die gegensei-
tige soziale Beziehung und Bindung.
Schon als Welpe muß Ihr Hund sich an die Fellpflege, Zahnkontrolle oder Ohrenreinigung gewöhnen, obwohl das in diesem Alter noch nicht
so nötig ist. Was er jedoch als Welpe nicht
lernt, wird er als erwachsener Hund nicht dul-
den. Dazu gehört, daß er sich auf den Tisch heben läßt, liegen, sitzen oder stehen bleibt. Bürsten und kämmen sollten Sie anfangs nur an-
deuten und ohne zu reißen oder zu kratzen
sehr kurz durchführen. Am Ende bekommt der
Hund als Belohnung immer ein Leckerle.
Als erwachsener Hund wird er die Pflege dann
eher angenehm empfinden und muß nicht dazu
gezwungen werden. Bei der Körperpflege lassen
sich auch frühzeitig Anzeichen für eine begin-
nende Erkrankung erkennen, die dadurch leichter und erfolgreicher behandelt werden kann.
Achten Sie dabei auf Grütz- oder Talgbeutel,
auch Grießbalg oder Haarbalggeschwulst ge-

nannt. Sie entstehen durch eine Verletzung des Haarbeutels. Dieser füllt sich mit einer Masse ähnlich einem Grießbrei und sieht dann aus wie ein großer Mitesser. Nicht ausdrücken, sondern den Tierarzt aufsuchen!

Die Folgen falscher Ernährung sind mannigfach. Sie äußern sich unter anderem in Verfärbung der Haut an den inneren Schenkelflächen und des Bauches; trockener, harter, heißer oder kalter Haut; übelriechender Hautausdünstung; blasser, schmerzunempfindlicher oder teigiger Anschwellung der Haut; Schuppen, Ekzemen, rötlichen Stellen, häufigem Kratzen in Verbindung mit trockenem brüchigem Haar.

Soll der Hund gebadet werden?

Im Normalfall genügt das regelmäßige Bürsten und Kämmen des trockenen Felles, um Verschmutzungen zu beseitigen und die Haar-Talgdrüsen anzuregen. Dadurch entsteht - zusammen mit der richtigen Ernährung - der gesunde, seidige Haarglanz.

Ein Bad mit Hundeshampoo ist nur bei extrem übelriechenden Verschmutzungen (wie nach dem Wälzen) notwendig. In diesem Falle verwenden Sie unbedingt ein gutes rückfettendes Hundeshampoo. Schäumen Sie damit den Hund gründlich ein. Schützen Sie währenddessen mit einer Hand seine Augen. Der Schaum muß wieder gründlich ausgespült werden. Anschließend bewegen Sie den Hund bei einem Spaziergang an der Leine oder beim Spiel, bis er wieder trocken ist. Im Winter bringen Sie ihn in einem zugfreien, warmen Raum unter. Ist er wieder trocken, bürsten und kämmen Sie ihn gründlich. Der Langhaar geht in der Regel gerne ins Wasser. An heißen Tagen liebt er ein Spiel mit dem Wasser aus dem Schlauch oder ein erfrischendes Brausebad. Das Schwimmen mit seiner Bezugsperson macht ihm ebenfalls viel Freude, wenn es ihm von kleinauf angewöhnt wurde.

Checkliste
Krankheitszeichen erkennen

1 Trockenes, stumpfes oder rötlich verfärbtes Haar oder Haarbruch sind Folge von Mangelernährung.

2 Hängende Lefzen sind nicht selten von Lippenschorf oder -ekzemen befallen, die an den Mundwinkeln dann harte Krusten bilden.

3 Ursache für Mundgeruch können schlechte Zähne oder eine Magenerkrankung sein.

4 Auffallend blasse oder anderweitig verfärbte Schleimhäute des Fanges oder der Augenbindehaut sind Krankheitsanzeichen.

5 Wiederholtes Schiefhalten des Kopfes nach einer Seite hin, häufiges Schütteln und sich ständig am Ohr kratzen deuten auf eine Ohrenentzündung hin.

6 Der normale Puls beträgt 60 bis 80 Schläge pro Minute. Die normale Körpertemperatur des Hundes liegt zwischen 37,9 und 38,5 °C.

Bürsten und Kämmen

Mit Bürsten und Kämmen werden in erster Linie Schmutz und abgestorbene Haare entfernt. Darüber hinaus werden die Talgdrüsen der Haut angeregt, das Haar rückzufetten.

Stellen Sie den Hund mit den Vorderpfoten etwas erhöht, damit sich die Haut spannt und beim Kämmen oder Striegeln nicht verletzt werden kann. Mit einer harten Bürste wird das Haar zügig durchgebürstet. Wo es bei der Länge der Haare möglich ist, sollten Sie auch gegen den Strich bürsten. Danach glätten Sie das Haar wieder mit der Bürste und kämmen es zum Schluß mit einem groben Kamm aus. Während der Haarung muß die lose Unterwolle mit einem Striegel und Kamm ausgekämmt werden.

Augenpflege

Die Augen sind täglich zu kontrollieren. Der beste Zeitpunkt dazu ist, wenn Sie morgens mit einem feuchten weichen Tuch das in der Nacht angesammelte Augensekret aus den Augenwinkeln wischen. Kontrollieren Sie dabei auch die Bindehaut auf Rötung oder Entzündung.

Pfotenpflege

Die Pfotenballen sollen hart und strapazierfähig sein. Um Risse und Austrocknung zu vermeiden,

Ohrenpflege

In den verschmutzten äußeren Gehörgang träufeln Sie einige Tropfen handwarme Reinigungsflüssigkeit (aus dem Zoofachhandel). Durch vorsichtiges Durchkneten des Ohrgrundes löst sich der Schmutz, er wird vom Hund anschließend durch heftiges Schütteln gelockert. Mit einem Wattebausch, den Sie um den kleinen Finger wickeln, entfernen Sie vorsichtig den ausgeschüttelten Schmutz.

Die Reinigung des inneren Gehörgangs ist Sache des Tierarztes. Stochern Sie nicht mit Ohrenstäbchen im Ohr herum. Gibt der Hund beim Durchkneten des Ohres Schmerzlaute von sich, lassen Sie das Ohr vom Tierarzt untersuchen.

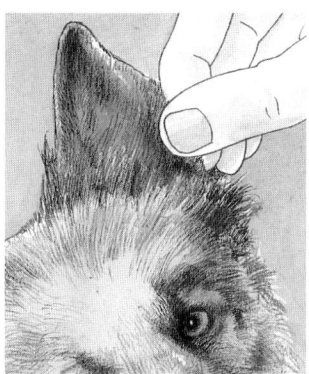

Regelmäßige Kontrolle des äußeren Gehörgangs.

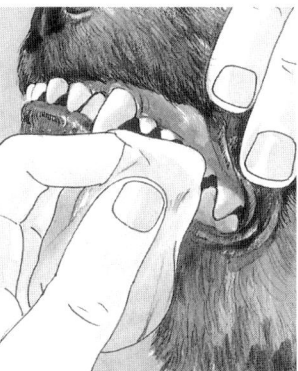

Anflug von Zahnstein regelmäßig entfernen.

Zahnpflege

Untersuchen Sie das Gebiß regelmäßig auf Zahnstein, Fremdkörper, Zahnfleischentzündung und auf Vollständigkeit. Zahnstein erkennen Sie als kompakten bräunlichen Belag am Zahnhals. Er muß vom Tierarzt entfernt werden.

Wacklige oder abgebrochene Zähne müssen ebenfalls behandelt werden. Übler Mundgeruch kann von einem eitrigen Zahn oder Zahnfleischentzündung ausgelöst werden.

Zur Pflege des Gebisses gibt es entsprechende Bürsten und Pflegemittel.

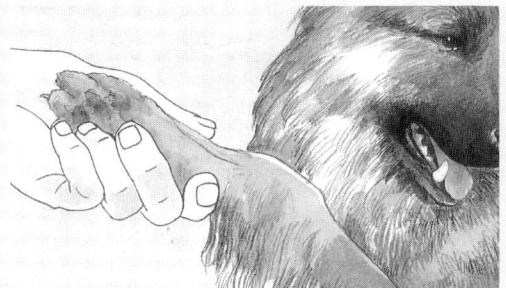

Regelmäßige Kontrolle der Pfoten und Krallen ist notwendig.

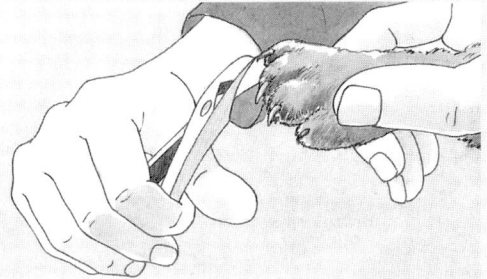

Der Tierarzt zeigt Ihnen das richtige Kürzen der Krallen.

reiben Sie diese hin und wieder mit Melkfett oder Vaseline ein. Im Winter schützen Sie die Pfoten vor dem Spaziergang mit Melkfett oder Hirschtalgspray vor Streusalz. Achten Sie bei der Pflege auf Verletzungen, auf Fremdkörper zwischen den Zehen und auf eingetretene Dornen, Stacheln etc.

Krallenpflege
Normalerweise nutzen sich die Krallen beim Laufen auf hartem Untergrund von selbst ab. Zu lange Krallen müssen Sie mit der Krallenzange vorsichtig kürzen. Zu spitze Krallen der Saugwelpen werden mit der Feile abgerundet, damit sie die Mutter beim Milchtritt nicht am Gesäuge verletzen.

Nasenspiegel
Nach »Grabarbeiten« des Hundes müssen Sie die Nase mit einem Schwamm abwaschen und den trockenen Nasenspiegel mit Melkfett oder Vaseline einfetten.

Ellbogenschwielen
Das sind lederartige Stellen, die durch das Liegen auf harten Flächen entstehen. Zur Vorbeugung bieten Sie dem Hund deshalb weichere Liegeflächen. Schwielen reiben Sie mit Melkfett oder Lebertransalbe täglich ein.

Afterpflege
Verklebungen des Afters (etwa nach Durchfall) werden mit einem feuchten Schwamm gesäubert, der After wird anschließend mit Ringelblumensalbe eingefettet. Am After befinden sich die Analdrüsen, die sich bei jedem Kotabsatz entleeren. Ist der After verklebt, verstopfen oder entzünden sich diese Drüsen. Ein Hinweis darauf kann sein, wenn Ihr Hund des öfteren auf dem Hintern rutscht – man nennt dieses Verhalten »Schlittenfahren«. Auch Würmer können Auslöser für dieses Verhalten sein. Gehen Sie auf jeden Fall zum Tierarzt.

Durch Hochstellen des Hundes beim Striegeln spannt sich die Haut.

VERSORGUNG IM URLAUB

Für den Hund wäre es das Schönste, wenn Sie Ihren Urlaub so planen, daß er mit dabei sein kann. Ersparen Sie ihm aber eine Flug- oder Busreise in heiße Länder, wo er sich eventuell mit hier nicht bekannten Erregern infizieren kann.

Versorgung zu Hause durch Verwandte oder gute Bekannte: Dies wäre die beste Lösung, denn der Hund bleibt in seinem gewohnten Umfeld.

»Hundesitting« auf Gegenseitigkeit mit einem bekannten Hundehalter: Während der jeweiligen Abwesenheit wird der Hund in Pflege genommen.

Unterbringung in einer Pension: Erkundigen Sie sich vorher bei anderen Hundehaltern über die Qualität verschiedener Betriebe. Besichtigen Sie rechtzeitig vorher die Anlage und wie die Hunde untergebracht sind. Es gibt leider sehr viele schlechte Betriebe.

Pflege auf Zeit im Tierheim: Dort kann Ihr Hund vorher schon mal reinschnuppern und sich mit den Pflegerinnen anfreunden. Damit unterstützen Sie außerdem die Tierschutzarbeit.

Äußere Parasiten

Flöhe, Zecken, Läuse, Milben und Hakenwurmlarven gehören zu den häufigsten äußeren Parasiten. Bei regelmäßiger und intensiver Pflege lassen sich diese früh erkennen und bekämpfen.

Flöhe erkennt man an ihren Ausscheidungen – kleinen schwarzen Kügelchen. Bei Flohbefall muß nicht nur Ihr Hund, sondern auch sein Umfeld (Liegeflächen, Polstermöbel, Matratzen usw.) mit Antiflohmittel desinfiziert werden.

Zecken entdeckt man in der Regel erst, wenn sie sich mit Blut vollgesaugt haben und dann entsprechend groß sind. Sie können Borelliose oder Hirnhautentzündung übertragen. Nach jedem Kontakt mit Sträuchern sollten Sie das Fell des Hundes tüchtig abrubbeln und absuchen. Festgebissene Zecken entfernen Sie mit einer Zeckenzange. Anschließend müssen Sie die Bißstelle desinfizieren.

Läuse erkennt man an den weißen Nissen (Eiern), die im Fell des Hundes kleben. Bei regelmäßig gepflegten Hunden habe ich noch nie Läuse erlebt.

Demodex-Räudemilben treten meist bei sehr jungen oder alten, geschwächten Hunden auf. Sie graben sich unter die Haut und sind an Pusteln zu erkennen, die aber selten jucken. Zur Bekämpfung fragen Sie Ihren Tierarzt.

Wichtig: Räudemilben können auch den Menschen befallen und zu stark juckenden Ausschlägen führen. Gehen Sie bei Verdacht sofort zu einem Arzt.

Innere Parasiten

Dazu zählen Spulwürmer, Bandwürmer, Peitschen- und Hakenwürmer. Sie befallen innere Organe Ihres Hundes und halten sich hauptsächlich im Darm auf. Regelmäßige Kotuntersuchungen durch den Tierarzt sind nötig, um sie nachzuweisen. Entwurmungen sollten Sie nach Absprache mit dem Arzt durchführen.

Der Hund bekommt Nachwuchs

Glauben Sie auf keinen Fall, daß eine Hündin nur gesund und glücklich ist, wenn sie mindestens einmal Welpen geworfen hat. Es ist auch nicht notwendig, daß Kinder aus Erziehungsgründen die Aufzucht von Welpen im eigenen Wohnbereich miterleben müssen.

Wenn Sie züchten wollen, sollte das nur mit dem Ziel geschehen, die Rasse des Langhaar-Schäferhundes zu erhalten und zu verbessern und seinen Gebrauchswert zu erhalten. Die vordergründige Zucht auf Schönheit, d.h. auf Hunde mit schakalartig abfallender Kruppe und extremer Überwinkelung der Hinterhand, steht in der Nähe der sogenannten Qualzucht, denn diese Hunde leiden verstärkt an Muskel-, Sehnen- oder Rückgrat-Erkrankungen. Zum Züchten brauchen Sie unter anderem viel biologisches Fachwissen und Kenntnisse aus der Vererbungslehre.

Welche Voraussetzungen beide Elterntiere erfüllen müssen, damit die Welpen Abstammungspapiere erhalten, erfahren Sie bei den entsprechenden Langhaar-Zuchtverbänden. Der Stammbaum eines Hundes beweist seine Abstammung aus einer gezielten Zucht und seine Reinrassigkeit. Seine Vorfahren müssen darin bis zur 4. oder 5. Generation nachweisbar sein.

Läufigkeit der Hündin

Mit etwa 7 bis 8 Monaten wird die Hündin erstmals läufig. Dies wiederholt sich dann alle 6 Monate. Während der ersten 10 Tage der Läu-

figkeit schwillt die Vulva an, und die Hündin blutet leicht. Zwischen dem 11. bis 16. Tag (leichte Verschiebungen sind möglich) nach der ersten Blutung liegt der richtige Tag zum Decken der Hündin. In dieser Hochbrunstphase verfärbt sich der blutige Ausfluß rosa. Jetzt muß die Hündin nicht nur gegen fremde Rüden geschützt werden, sondern sie selbst wird auch alles daran setzen, von einem Rüden gedeckt zu werden. Lassen Sie die Hündin in dieser Zeit auch in Ihrem Garten nicht ohne Aufsicht.

Die Paarung

Wenn Sie die Hündin gezielt belegen, zwingen Sie sie nicht durch Festhalten. Geben Sie den Hunden die Gelegenheit zum freien Liebesspiel. Wenn es nicht klappt, war es der falsche Tag - oder die Natur will es nicht anders. Bei Hunden mit einem guten Sozialverhalten (was Voraussetzung im Interesse guter Nachkommen sein sollte), wird es auch ohne Gewalt klappen. Vergewaltigungen beim Deckakt sind nicht tiergerecht!

Ein prächtiger Welpe mit seiner wunderschönen Mama.

Die Trächtigkeit

Die Hündin wirft am 63. Tag nach dem Deckakt. Eine Spanne von 58 bis 65 Tagen ist nicht beunruhigend, wenn sich die Hündin normal verhält und ihre Körpertemperatur 39°C nicht übersteigt.

Bis zur 5. Trächtigkeitswoche kann sie sich bewegen wie gewohnt. Danach sollte sie keinen Sport mehr betreiben. Ab der 5. Woche bekommt sie zusätzlich Vitamine und Mineralstoffe nach Anweisung des Tierarztes. Das Futter soll nicht zu fett, aber hochwertig sein. Sorgfältige Pflege der Hündin sowie täglicher Körperkontakt (→ Seite 24) sind auch für die Welpen im Mutterleib wichtig.

Die Wurfkiste muß mindestens eine Grundfläche von 120 x 100 cm und eine Höhe von 40 cm haben. Legen Sie den Boden mit einer dicken Lage Zeitungen aus und decken Sie ein altes Leintuch darüber. Sammeln Sie genügend Zeitungen und Leintücher zum Wechseln. Die Kiste sollte an einem ruhigen Platz im Wohnbereich stehen, wo Sie die letzten Nächte vor dem Werfen auch schlafen können. Gewöhnen Sie die Hündin schon vor der Geburt an die Wurfkiste.

Die Geburt

Etwa eine Woche vor dem Geburtstermin messen Sie täglich die Temperatur der Hündin. Ein bis drei Tage vor der Geburt fällt die Temperatur etwa auf 36,5°C und steigt dann wieder an. Kurz vor dem Werfen gräbt die Hündin die Zeitungslagen in der Wurfkiste um. Jetzt lassen Sie sie nicht mehr allein. Wenn sie zu pressen beginnt, wird nach einem schleimigen Ausfluß gleich der erste Welpe ausgetrieben. Die Hündin beißt die Fruchthülle auf und durchtrennt die Nabelschnur. Fruchthülle und Nachgeburt (Plazenta) frißt sie.

Die Welpen sollten sofort nach dem Trockenlecken durch die Hündin intensiv die Zitzen der Mutter suchen und zu trinken beginnen. Der Welpe, der es nicht alleine schafft und angelegt werden muß, wird im späteren Leben auch kein vitaler und gesunder Hund sein.

Lassen Sie die Hündin auf jeden Fall am Tag nach der Geburt vom Tierarzt untersuchen, um sicherzugehen, daß kein Welpe in der Gebärmutter verblieben ist.

Die Entwicklung der Welpen

Die Welpen kommen blind und taub, aber voll behaart zur Welt. Bei der Geburt sollten sie etwa 450 bis 550 g wiegen und in den ersten 4 Wochen täglich etwa 10 % ihres Eigengewichts zunehmen, im zweiten Lebensmonat dann etwa 20 bis 25 %. Um ihre Entwicklung kontrollieren zu können, sollten Sie die Welpen ab der Geburt täglich wiegen.

*Hauptbeschäftigung in den ersten Tagen:
nur trinken und schlafen.*

Die Hündin hält die Welpen sauber, bis feste Nahrung zugefüttert wird. Sie massiert mit der Zunge die Bäuchlein der Welpen und regt dadurch die Verdauung an. Das »große Geschäft« frißt sie auf, der Urin wird teilweise von den Zeitungslagen aufgesogen. Diese und das Leintuch müssen regelmäßig gewechselt werden. Etwa am 10. bis 12. Lebenstag öffnen sich die Augen der Welpen. Auch das Gehör entwickelt sich nach und nach. Ab der 3. Woche brechen die Zähne durch. Ab der 4. Woche sollten Sie eine rutschfeste Gummimatte unter das Leintuch legen, da die Welpen immer aktiver werden und sich dabei durch Ausrutschen leicht verletzen können. Ab diesem Zeitpunkt können die Welpen mit ihrer Mutter tagsüber in ein Freigehege mit Wetter- und Sonnenschutz umquartiert werden, wenn es nicht zu kalt ist.

Ab der 4. Lebenswoche brauchen die Welpen verstärkte Zuwendung durch den Menschen. Sie befinden sich jetzt in der Prägungs- und Sozialisierungsphase (→ Seite 21), die den Grundstein für ihr späteres Verhalten der Umwelt gegenüber legt.

In dieser Zeit sollten die Welpen unter Ihrer Aufsicht regelmäßig mit Kindern spielen und Kontakt zu anderen Haustieren haben. Mit ihren Geschwistern und der Mutter üben die Welpen alle wichtigen Verhaltensweisen, was teilweise sehr temperamentvoll abläuft. Was die Welpen jetzt nicht lernen, ist für sie später nicht mehr nachzuholen.

Die Ernährung der Welpen

Während die Hündin die Welpen säugt, geben Sie ihr die doppelte Menge an hochwertigem Futter mit entsprechenden Vitamin- und Mineralstoffzusätzen. Je nach Anzahl der Welpen beginnen Sie dann ab der 3. bis 4. Woche langsam mit der Zufütterung von fester Nahrung. Geben Sie anfangs ganz wenig Welpenauf-

---

TIP

Gezielt züchten

✔ Schließen Sie sich unbedingt einem der genannten Zuchtverbände an (Adressen → Seite 62). Sie haben dann durch den Zuchtwart ausreichende Beratung.
✔ Informieren Sie sich zusätzlich durch gute Fachliteratur über Zucht, Vererbung, Hundepsychologie, Anatomie usw.
✔ Planen Sie nur einen Wurf mit Ihrer Hündin, wenn beide Elterntiere höchste Ansprüche in Bezug auf Wesen (Charakter), Gesundheit und Formwert erfüllen. Wesensschwache Elterntiere können nur wieder wesensschwache Welpen erzeugen, auch wenn sie noch so schön sind.
✔ Belegen Sie Ihre Hündin erst, wenn sie mindestens 2 bis 3 Jahre alt ist.
✔ Belegen Sie Ihre Hündin nur, wenn Sie sichere Abnehmer für jeden Welpen haben. Viele Züchter vermehren einfach auf Verdacht und müssen ihre Welpen dann in der Zeitung ausschreiben und dem Nächstbesten verkaufen.

---

zuchtmilch, feinstes Rindertatar mit Welpenflocken oder Spezialvollnahrung für Welpen. Verwenden Sie Fertigfutter für Welpen, dürfen Sie keine Vitamine oder Mineralstoffe zusätzlich an die Welpen verfüttern. Dies ist alles in der Fertignahrung schon enthalten. Informieren Sie sich vorher bei einem erfahrenen Züchter über die Fütterung von Welpen, die jünger als 8 Wochen sind.

VERHALTEN UND BESCHÄFTIGUNG

Ihr Langhaar-Schäferhund hat eine breite Palette von Ausdrucksmöglichkeiten, um mit Ihnen zu kommunizieren. Diese sollten Sie verstehen lernen und respektieren, um ihm ein artgerechtes und ausgefülltes Leben inmitten seines Menschenrudels zu gewähren.

Wie der Hund kommuniziert

Hunde verständigen sich durch eine Körper- und Lautsprache, mit der sie immer nur das ausdrücken, was sie im Augenblick empfinden und fühlen. Ein Hund kann sich deshalb auch nicht verstellen. Daneben kommunizieren sie untereinander auch noch durch geruchliche Informationen. Für die Verständigung, nicht nur mit dem Menschen, sind die Mimik sowie die Körper- und Rutenhaltung des Hundes wichtig.

Die Lautsprache

Das Bellen entwickelt sich bei Welpen ab der 4. Woche. Der erwachsene Hund bellt in verschiedensten Situationen. Je nach Stimmlage kann Bellen Begrüßung oder Drohung, Ausdruck des Schreckens oder des Bewachens oder nur eine Spielaufforderung bedeuten. Um das Bellen richtig zu deuten, brauchen Sie die zusätzlichen Informationen seiner Mimik und Körpersprache. Dies gilt auch für alle anderen Lautäußerungen.
Winseln zeigt bei Welpen Unbehagen an. Beim erwachsenen Hund kann es Unruhe, freudige

Erregung, Schmerz oder einen Annäherungslaut bei der aktiven Unterwerfung bedeuten.
Das Fiepen, ein lautes, gedehntes, mit offenem Mund ausgestoßenes Winseln, zeigt der Hund bei der passiven Unterwerfung und bei großer Angst. Es kann leicht in Schreien übergehen.
Ein kurzes »Wuff« läßt der Hund hören, wenn er die Störquelle noch nicht identifizieren kann. Meist schnaufen sie kurz vor dem Wuffen geräuschvoll.
Heulen ist ein Zeichen von Einsamkeit. Der Hund will damit seine Menschen herbeirufen.
Knurren ist ein Ausdruck von Überlegenheit und ein Drohlaut. Neben dem aggressiven Knurren gibt es auch Spielknurren, das zu jedem Spiel gehört. Knurren wird von Welpen schon in der 2. Lebenswoche geübt.
Schreien und Kreischen wird durch große Angst oder Schmerzen ausgelöst.

Die Körpersprache

Um wirklich zu verstehen, was ein Hund gerade ausdrückt, müssen Sie zusätzlich zu seiner Lautsprache Kopf, Körper und Rutenhaltung im Zusammenspiel betrachten. Erst die Gesamtheit aller Ausdruckselemente ergibt die momentane Stimmung.

Körpersprache des Menschen und Triebbefriedigung (Leckerle) helfen beim »Sitz«.

Beim Imponieren stehen sich beide Hunde mit steifen Beinen gegenüber - sie wollen größer erscheinen, als sie sind. Der Kopf ist leicht abgewandt, sie fixieren sich nicht, die Ohren sind nach vorne gerichtet. Die Rute ist leicht pendelnd hoch erhoben. Wenn sich keiner der beiden Hunde unterwirft, kann sich ein Drohen oder auch ein plötzlicher Angriff entwickeln. Beide können auch hocherhobenen Hauptes auseinandergehen und den nächsten Baum markieren, wonach sie kräftig scharren.

Ein wesensschwacher, nicht oder schlecht sozialisierter Hund macht sich durch eingeknickte Gliedmaßen kleiner und klemmt die Rute zwischen die Hinterbeine oder seitlich an den Oberschenkel. Der Blick ist unsicher, Gesichts- und Kopfhaut sind gespannt. Er wirkt welpenhaft, durch die zurückgezogenen Lippen sieht er aus, als würde er grinsen. Der Kopf ist gesenkt und die Ohren nach hinten gezogen. Dieses Verhalten zeigen auch zu hart erzogene Hunde.

Beim Angriffsdrohen ist der Körper gestreckt, die Haare sind gesträubt und die Rute ist steif weit über den Rücken gespannt, ohne zu pendeln. Mit kurzen Lippen fletscht der Hund seine Zähne und fixiert mit gesenktem Kopf und nach hinten gezogenen Ohren seinen Gegner. Dazu knurrt oder bellt er auch.

Beim Abwehrdrohen sind die Beine leicht eingeknickt und die Rute ist eng zwischen den Beinen oder seitlich an den Unterleib gedrückt. Der Hund fletscht die Zähne und knurrt. In dieser Situation kann es auch zu Bissen kommen, wenn der Hund nicht fliehen kann.

Passive Unterwerfung zeigt der Hund einem stärkeren Rivalen gegenüber. Dabei legt er sich auf den Rücken oder auf die Seite, zieht die Ohren nach hinten und vermeidet den Blickkontakt. Die Lippen »grinsen«, und er versucht, durch Pföteln und Leckbewegungen mit der Zunge den dominanten Gegner zu besänftigen. Dabei kann er winseln, fiepen oder sogar schreien. Beim stärkeren Gegner wird dadurch Beißhemmung ausgelöst und in der Regel jede Auseinandersetzung beendet, wenn beide Hunde ausreichend sozialisiert sind.

Bei der aktiven Unterwerfung drückt die Körperhaltung ebenfalls Unterwürfigkeit aus. Der Hund ist jedoch locker und entspannt und sein Blick ist vertrauensvoll auf seinen Partner gerichtet. So benimmt sich der Hund, wenn er die höhere Rangordnung des Menschen oder Artgenossen anerkennt.

Bei der Spielaufforderung drückt der Hund seinen Vorderkörper tief auf den Boden, springt wieder auf, rennt im Kreis um seinen Spielpartner, zeigt den sogenannten Hoppelgalopp, fordert auf, ihn zu fangen, bringt Stöckchen oder zeigt Spielbeißen. Letzteres muß vom Menschen sofort unwillig abgebrochen werden, wenn es zu grob wird. Damit will der Langhaar austesten, wie weit er gehen kann.

»Heul, wo sind sie denn alle? Ich bin ja sooo allein!«

Die Erziehung des Hundes

Im Sinne einer positiven Erziehung und Ausbildung werden dem Hund von der 6. Lebenswoche an bis ins hohe Alter unerwünschte Verhaltensweisen verleidet und erwünschte Leistungen in zunächst kleinen Ausbildungsschritten zielbewußt gefördert. Der Hund muß selbst daran interessiert sein, die von ihm verlangten Übungen zu wiederholen, weil sie ihm höchsten Lustgewinn versprechen.

Die Leinenführigkeit

Die Leine dient primär der Sicherung des Hundes. Der Welpe wird nach Gewöhnung an das Halsband in der Wohnung oder im Garten an eine 2 bis 3 m lange Welpenleine gewöhnt, indem Sie ihn locker an die Leine nehmen und mit ihm spielen.

Hat er die Leine akzeptiert, können Sie mit ihm auf die Straße gehen. Verhalten Sie sich dem Hund gegenüber so, als wäre er nicht angeleint. Die Leine soll locker durchhängen. Wenn der Hund vorwärts strebt, bleiben Sie, kurz bevor sich die Leine strafft, abrupt stehen. So fügt er sich selbst einen entsprechenden Ruck zu. Gleichzeitig mit dem Ruck sagen Sie hart »Nein«. Lockern Sie anschließend sofort die Leine, als wäre nichts geschehen, und locken Sie den Hund mit einem Leckerle zu sich heran. Nach dieser Belohnung gehen Sie wieder weiter. Wiederholen Sie den Vorgang konsequent so oft, bis der Welpe gelernt hat, daß er nur bei lockerer Leine vorwärts kommt. Auf diese Weise bewegt sich auch künftig der erwachsene Hund an der Leine, wenn er aus bestimmten Gründen beim Spaziergang nicht frei laufen kann.

Diese ernste Unterwerfung ist oft sehr rasch beendet.

Das enge Fußgehen

Im Alter von 6 bis 8 Monaten muß der Hund lernen, mit seiner rechten Schulter auf Höhe der linken Seite des Halters an lockerer Leine zu gehen. Dazu benötigen Sie eine 1 m lange Leine. Durch ein in der rechten Hand gehaltenes Leckerle oder Spielzeug wird der Hund zum Mitgehen motiviert. Das Motivationsobjekt muß so geschickt manipuliert werden, daß der Hund mit höchster Aufmerksamkeit an lockerer Leine alle Wendungen, Richtungsänderungen und Gangarten freudig mitmacht. Geht der Hund korrekt, wiederholen Sie immer wieder das Hörzeichen »Fuß«. Prellt er vor, gehen Sie enge Wendungen nach links. Weicht er nach links aus, gehen Sie Wendungen nach rechts. Gehen Sie anfangs nicht nur geradeaus, sondern viele Wendungen und verändern Sie laufend die Gangart. Zwischendurch lassen Sie den Hund an der linken Seite absitzen, werfen den Ball oder bestätigen ihn mit einem Leckerle.

Wenn der Hund diese Übungen mit lockerer Leine ausführt, ohne daß Sie ihn korrigieren müssen, können Sie ohne Leine üben.

DOLMETSCHER

So kommunizieren Langhaar-Schäferhunde mit Artgenossen, aber auch mit Ihnen.

 Dieses Verhalten zeigt der Langhaar-Schäferhund.

 Was will mir der Langhaar-Schäferhund damit sagen?

! *So reagiere ich richtig auf sein Verhalten.*

☞ Junge Hündin reitet bei Rüden auf.

? Dies ist ein entwicklungsbedingtes Sexualspiel.

! Nicht einmischen. Der Rüde weiß sich zu wehren.

☞ Der Hund wälzt sich auf dem Rücken.

? Er will spielen, schlafen oder wälzt sich auf Aas.

! Unterbinden Sie nur das Aaswälzen.

☞ Hündin schnuppert am »Geruchsgesicht« des Rüden.

? Sie ist unsicher (gesträubtes Fell).

! Abwarten. Bei Aggressivität Hunde trennen.

☞ Rangelei um ein Spielzeug.

? Jeder möchte es für sich haben.

! Spielen lassen, dies ist ein artgerechtes Training im Beutekampf.

✍ Die Hündin keift Artgenossen an.

❓ Sie zeigt das Angriffsdrohen.

❗ Nicht einmischen. Der Gegner wehrt sich oder flieht.

✍ So hüpft der Hund vor Ihnen.

❓ Typische Spielaufforderung.

❗ Mitspielen oder ignorieren.

Welpe beleckt ☞ die Mundwinkel der Mutter.

Er bettelt ❓ um Futter.

Nicht ein- ❗ mischen.

☞ Der angeleinte Hund knurrt und fletscht die Zähne.

❓ Er will nicht, daß Sie sich ihm nähern.

❗ Gehen Sie dem verteidigungsbereiten Hund aus dem Weg.

✍ Rüde bepinkelt einen Baum.

❓ Er markiert oder übertüncht die Markierung eines anderen Rüden.

❗ Gewähren lassen.

Um den Welpen zu Erziehungsübungen zu motivieren, benützen Sie seinen Freß- und Spieltrieb. Dadurch wird der Hund in eine positive Erregtheit versetzt, in deren Verlauf einzelne Übungen eingebaut werden. Bei richtiger Ausführung wird der Hund entweder durch Futterbröckchen belohnt oder er darf zur Bestätigung weiterspielen. Ein Hund, der nicht erregbar ist, ist nicht ausbildungsfähig.

Und so gehen Sie vor:

✔ Gehen Sie beim Welpen immer in die Hocke, wenn Sie eine Übung beginnen.

✔ Arbeiten Sie mit Ihrer Körpersprache, Mimik und Stimme. Nicht die Lautstärke, sondern die Stimmfärbung ist für das Verstehen wichtig. An Ihrem Verhalten muß er erkennen, ob Sie sein Verhalten positiv oder negativ werten oder ob Sie ihn einfach ignorieren.

✔ Benutzen Sie stets nur kurze Kommandos. Lange Sätze verunsichern den Hund.

✔ Der Hund sollte bei allen Übungen hungrig sein.

✔ Jede Übung – auch kleine Fortschritte – muß für den Hund mit einem Erfolg enden.

✔ Legen Sie bei allen Übungen nach einigen Minuten Spielpausen ein.

Nein, Pfui oder Aus

Diese Worte, von Ihnen drohend oder den Hund erschreckend gesprochen, sollen ihn veranlassen, eine unerwünschte Handlung sofort zu unter-

Aber bitte nicht schütteln – nur mit der Hand »beißen«.

lassen. Tut er das nicht, »beißen« Sie ihn mit Ihrer Hand durch einen blitzschnellen harten Griff in der Nackengegend, gleichzeitig sagen Sie hart »Nein«.

Denken Sie daran, daß der Hund immer nur die gerade ablaufende Situation erlebt. Eine Strafe nur einige Sekunden nach seiner Missetat kann er nicht mehr mit dieser verknüpfen.

Wichtig: Schütteln Sie den Hund nie am Nackenfell. Schütteln heißt in der Natur Töten. Beim Welpen rufen Sie damit Todesangst hervor, so wecken Sie eventuell den Selbsterhaltungstrieb.

Sitz und Bleib

Der Welpe wird mit einem Futterbröckchen so motiviert, daß er es gierig erreichen will. Durch geschicktes, schnelles Hochziehen des Futters über den Kopf des Hundes wird er gezwungen, sich hinzusetzen, ohne danach zu springen, weil er es sonst nicht erreichen kann. Gleichzeitig mit seinem Hinsetzen sagen Sie deutlich »Sitz«.

Unter ruhigem Streicheln sagen Sie wiederholt »Bleib«. Die Sitzposition lösen Sie mit dem Hörzeichen »Lauf« wieder auf – beim Welpen nach einigen Sekunden, mit zunehmendem Alter immer später.

Wenn der Hund sicher sitzt, halten Sie ihm mit gestrecktem Arm die offene Handfläche wie bremsend vor sein Gesicht, entfernen sich lang-

Mit lockerer Leine geht der Hund bei Fuß.

sam rückwärts gehend 1 bis 2 Schritte und sagen das Hörzeichen »Bleib«. Dabei loben Sie den Hund mit sanfter Stimme und fordern ihn auf, sitzenzubleiben. Dies steigern

Sitz und bleib: Die Körpersprache des Führers ist sehr wichtig.

Sie allmählich bis zur Entfernung von etwa 10 Schritten. Wenn Sie den Hund wieder abholen (nicht abrufen), bekommt er seine Belohnung.

Platz und Bleib

Der angeleinte Hund sitzt links von Ihnen. Mit der rechten Hand führen Sie ein Lekkerle von der Nase des Hundes zum Boden. Er kann es nur erreichen, wenn er sich hinlegt. Gleichzeitig mit seinem Hin-

legen sagen Sie »Platz«. Das Leckerle bekommt er sofort, wenn er richtig am Boden liegt. In dieser sog. Sphinx-Stellung halten Sie den Hund anfangs einige Sekunden durch Streicheln und wiederholen das Wort »Bleib«. Durch »Lauf« wird das Kommando »Platz« wieder aufgelöst. Wenn der Hund ohne Hilfe sicher liegenbleibt, üben Sie das Weggehen von ihm genauso wie bei »Sitz und Bleib«.

Hier oder Komm

Indem Sie dem freilaufenden Welpen in die entgegengesetzte Richtung davonlaufen und gleichzeitig seinen Namen rufen, motivieren Sie ihn dazu, Ihnen nachzulaufen. Während er in Ihre Richtung läuft, wiederholen Sie immer wieder das Hörzeichen »Hier« (oder »Komm«) und zeigen ihm ein Leckerle. Dieses bekommt er anfangs sofort, wenn er Sie erreicht hat. Später lassen Sie ihn erst vor Ihnen absitzen, bevor er

In der Hocke ist der Mensch nicht so »riesig«.

das Leckerle bekommt. Diese Übung wiederholen Sie beim Freilauf jedesmal, wenn sich der Hund weiter als etwa 15 m von Ihnen entfernt.

Springen, Rennen, Fangen, Bringen – hält den Langhaar fit.

Erfolgreiche Erziehung

Die Übungen »Sitz«, »Platz«, »Bleib«, »Bei Fuß«
sowie die Leinenführigkeit und die Freifolge haben mit Ausbildung im weitesten Sinne nichts
zu tun. Sie dienen dazu, daß Sie sich mit Ihrem
Langhaar in der Öffentlichkeit bewegen können, ohne unangenehm aufzufallen oder ein
Risiko für die Umwelt zu sein. Ein gut erzoge-
ner Langhaar-Schäferhund ist freundlich, hat
ein ausgeglichenes, soziales Wesen und gehorcht aufs Wort. Ein unerzogener Hund schadet dem Ruf des Langhaars.
Folgendes sollten Sie beachten:
✔ Suchen Sie mit Ihrem frischerworbenen Welpen so bald und so oft wie möglich Plätze auf,
wo er zunächst mit ständig wechselnden, etwa

Kommt der Welpe auf Befehl und sitzt vor,
bekommt er sein Leckerle.

gleichaltrigen Welpen (auch anderer Rassen)
seine Sozialspiele üben kann.
✔ Halten Sie ihn nicht von fremden Menschen
fern. Er baut sonst Mißtrauen auf. Mit einem
Langhaar-Schäferhund, der nur auf dem
Übungsplatz funktioniert, wird man mit der
Zeit sehr einsam.
✔ Lesen Sie viel über artgerechte, positive
Hundeerziehung.
✔ Suchen Sie einen Verein, wo all das für Ihren
Hund geboten wird. Adressen von Vereinen er-
fahren Sie auf Seite 62.

Das gezielte Spielen

Das richtige Spiel mit dem Hund basiert auf drei wichtigen Voraussetzungen: Vertrauen, Verständigung und Einhaltung der Rangordnung. Der Mensch bestimmt, wann, wie und wie lange gespielt wird, denn er ist der Ranghöhere und muß es bleiben. Das Spiel ist für den Hund notwendig, damit er sich geistig und körperlich artspezifisch entwickeln kann. Mit dem gezielten Spiel wird der vom Wolf ererbte Jagdtrieb in die richtigen Bahnen gelenkt. Es werden ihm dadurch rechtzeitig befriedigende Ersatzmöglichkeiten geboten, die Bindung zu seinem Menschen wird enger, und der Hund wird führiger.

Die Möglichkeiten des Spiels mit dem Hund nur um des Spiels willen sind vielfältig. Bauen Sie anfangs beim Spiel keine Übungen wie Sitz oder Platz ein. Das würde den Erfolg des Spiels beeinträchtigen.

✔ Hunde untereinander suchen laufend Körperkontakt, wobei sie ihre Körperkräfte messen, ihre Geschicklichkeit trainieren und sich dosierte Spielbisse zufügen, die nie verletzen. Hier geht es sehr turbulent zu, und schon Welpen »spielen« dieses Spiel bis zur Erschöpfung. Diese Körperspiele sollten Sie mit Ihrem Hund fortsetzen, wobei Sie aber immer den dominanten Part spielen müssen. Wird der Hund zu grob, brechen Sie das Spiel ab oder lenken es in ein anderes über. Sie bestimmen den Spielverlauf, nicht der Hund!

✔ Bei Spielen mit Bällen, Seil, Rupfensack oder Bringholz wird das Fangen der Beute, das Kämpfen um die Beute und das Bringen nachgestellt. Der Hund soll als Sieger mit der Beute vom Platz gehen, aber auch das »Aus« oder »Schluß« muß er akzeptieren.

✔ Das Suchen nach einem versteckten Freund im Wald oder Maisfeld, nach seinem Spielzeug in verschiedenen Kartons oder das Suchen nach einem »verlorenen« Handschuh ist für den Hund ein lustvolles Erlebnis.

✔ Gemeinsames Joggen festigt die Bindung und den Gehorsam.

✔ Ein nach eigener Phantasie gestalteter Geschicklichkeitsparcours in Ihrem Garten oder bei Regenwetter im Haus ist für Hund und Mensch eine herrliche Beschäftigung.

Wichtig: Gemeinsames Spiel soll durch klare Verständigung zwischen Mensch und Hund das Vertrauen des Hundes fördern und die Rangordnung in die richtige Reihenfolge bringen. Nicht der Hund lenkt und bestimmt das Spiel, sondern der Mensch. Hunde, die sich beim Freilauf weit entfernen und ihren Interessen nachgehen, beweisen, daß ihnen ihre »Bezugsperson« wenig zu bieten hat.

Mit dem Leckerle lernt der Welpe schnell das Kommando »Platz«.

Spielen als Beschäftigung

Wie die meisten Hunde leidet auch der Langhaar nicht an Bewegungsmangel, sondern an Beschäftigungslosigkeit. Dies zu beheben, bieten sich verschiedene Sportarten an.

Der Leistungssport

Diese Sportart besteht aus drei Disziplinen in drei verschiedenen Ausbildungsstufen (SchH-Prüfungen I, II, III).

1. Fährte (100 Punkte): In einem Wiesengelände wird unter mehrfacher Richtungsänderung durch Begehen eine Geruchsspur gelegt, auf der kleine Gegenstände abgelegt werden. Nach einer Wartezeit muß der an einer 10 m langen Leine mit tiefer Nase suchende Hund den Fährtenverlauf nachsuchen und die Gegenstände anzeigen. Die Arbeit wird in Hinblick auf Genauigkeit der Ausführung bewertet.

2. Unterordnung (100 Punkte): Gehorsams- und Geschicklichkeitsübungen werden nach einem Punktesystem auf Fehlerfreiheit und Freudigkeit bewertet.

3. Schutzdienst (100 Punkte): Der Hund muß eine versteckte Person auffinden, stellen und verbellen, einen Angriff auf sich oder seinen Führer abwehren, eine fliehende Person einholen und ihren als Mutprobe gestalteten Angriff abwehren. Hier werden Fehler, zum Beispiel Beißen beim Stellen und Verbellen, durch Punktabzug bestraft.

Wichtig: Bevor Sie sich für diese Art von Ausbildung entscheiden, sollten Sie durch längere Beobachtung überprüfen, ob Sie und auch Ihr Hund diesen Anforderungen gewachsen sind. Ihr Hund muß körperlich gesund und wesensfest sein. Der Zeitaufwand beträgt, wenn Sie zu einem Erfolg kommen wollen, mindestens 2- bis 3mal wöchentlich je etwa 3 Stunden auf dem Übungsplatz und tägliche Übungen allein mit Ihrem Hund.

Turnierhundesport

Zu diesem Vierkampf gehören Gehorsamsübungen, Hürdenlauf, Slalomlauf und Hindernisparcours. Beim Hürdenlauf und Hindernisparcours kommt es auf Fehlerfreiheit und Geschwindigkeit an. Der Führer ist dabei immer an der Seite seines Hundes. Zusätzlich können Sie mit Ihrem Hund noch einen 2000- oder 5000-m-Lauf belegen.

Der Hürdensprung ist eine gute Gewandtheitsübung.

Agility

Der Hund muß einen von Turnier zu Turnier anders gestalteten Parcours mit Hindernissen fehlerfrei und möglichst schnell nach Weisung des Führers überwinden. Er muß sich auch auf gewisse Entfernungen lenken lassen. Der Führer ist nicht immer an der Seite des Hundes.

Flyball

Zwei Mannschaften starten mit je 4 Hunden parallel. Jeder Hund muß auf Befehl seines Führers vier kleine Hürden überwinden, den Hebel einer »Ballmaschine« niedertreten, den herausgeschleuderten Ball fangen und damit so schnell wie möglich über die Hürden zurück über die Ziellinie laufen. Hat er diese fehlerfrei überquert, startet der nächste Hund der Gruppe. Die Mannschaft, die als erste alle Hunde fehlerfrei im Ziel hat, ist Sieger.

Ganz gleich, für welche der vorgeschlagenen Sportarten Sie sich auch entscheiden, eine tierärztliche Untersuchung von Herz und Kreislauf sowie der Hüfte auf Hüftgelenksdysplasie ist unbedingt erforderlich. Für einen kranken Hund wäre Sport in extremer Form Tierquälerei.

Fahrradfahren

Etwa im Alter von 10 bis 12 Monaten, wenn das Skelett des Hundes, seine Sehnen und Bänder voll ausgebildet sind, können Sie den Hund langsam daran gewöhnen, Sie am Fahrrad zu begleiten. Fahren Sie nie ausschließlich mit dem angeleinten Hund (hier geht der Hund an der rechten Seite), dies schadet ihm, da er sein Tempo nicht entsprechend seiner Leistungsfähigkeit selbst bestimmen kann. Wenn der Hund gut gehorcht, lassen Sie ihn frei neben dem Fahrrad laufen. Richten Sie sich nach seinem Tempo. Dies ist natürlich nur in absolut verkehrssicherem Gelände angebracht.

TIP

So erkennt man den guten Ausbilder

✔ Beobachten Sie seine Ausbildungsstunden. Arbeitet er über positives Lernen oder mit Zwangsmitteln über das Meideverhalten (Stachel- oder Würgehalsbänder, Teletaktstromhalsband usw.)?
✔ Informiert er sich vorher über Haltung, Besonderheiten und Probleme Ihres Hundes sowie über Ihr Ausbildungsziel?
✔ Bringt er seinen Schülern nur mechanische Handgriffe bei oder erklärt er auch die artgerechten Zusammenhänge bei der praktischen Ausbildung?
✔ Werden darüber hinaus auch theoretische Schulungen über allgemeine kynologische Themen und Sozialisierungsspielstunden für Welpen und erwachsene Hunde angeboten?
✔ Wie geht er mit seinen Schülern um?
✔ Ist er ein reiner Schutzdienstfanatiker?
✔ Kann er auch mit sensiblen Hunden umgehen?
✔ Wie groß ist sein allgemeines kynologisches Fachwissen?
✔ Wie geht er mit seinem eigenen Hund um?
✔ Welchen Ruf hat der Ausbilder oder die Ausbilderin?
Sie bestimmen selbst, ob Ihr Hund artgerecht erzogen und ausgebildet wird oder ob er von einem schlechten Ausbilder zum unsicheren Befehlsempfänger degradiert wird, der zu Ihnen keinerlei Vertrauen mehr hat.

GESUNDHEITSVORSORGE UND KRANKHEITEN

Trotz artgerechter Haltung und Beschäftigung kann der Langhaar-Schäferhund einmal krank werden. Je früher Sie Veränderungen bemerken und behandeln lassen, desto aussichtsreicher sind die Heilungschancen.

Krankheitsursachen

Der Hund ist krank, wenn Veränderungen des Körpers oder seines Verhaltens erkennbar sind. Man unterscheidet akute (plötzlich auftretende) oder chronische (schleichend verlaufende) Erkrankungen. Die Ursachen sind vielfältig. Äußere Ursachen sind Bakterien, Viren, Parasiten oder Umweltfaktoren. Auch ererbte Krankheitsanlagen kommen nicht selten vor. Zu psychischen Erkrankungen beim Hund zählen die Trennung von seiner Familie, Schockerlebnisse (Unfall oder schwere Mißhandlungen), Vernachlässigung oder eine nicht artgerechte Erziehung.

Diese Ursachen können unterschiedlichste Krankheitsbilder hervorrufen. In diesen Fällen hilft nur ein erfahrener Therapeut. Eine gestörte Psyche kann die Anfälligkeit für Krankheiten heraufsetzen und die Selbstheilungskraft des Körpers mindern. Durch die Therapie sollen die körpereigenen Abwehr- und Regenerationskräfte mobilisiert werden, damit der Hund die Krankheit überwindet.

Gegenseitiges Vertrauen und tiergerechte Liebe prägen den Welpen.

Impfschutz

Eine Reihe von Infektionskrankheiten können durch vorbeugende Impfungen vermieden werden. So wird der Langhaar bereits im Welpenalter gegen Tollwut, Staupe, Hepatitis, Parvovirose und Leptospirose grundimmunisiert. Die ersten Impfungen bekommt er noch beim Züchter. Die notwendigen Nachimpfungen sind im Impfpaß vermerkt. Lassen Sie den Welpen von einem Tierarzt gründlich untersuchen.

Entwurmung

Hat der Hund das Welpenalter überschritten, lassen Sie ihn nochmals im Alter von 6 Monaten und 9 Monaten entwurmen. Dann wird zweimal jährlich eine Kotprobe des Hundes auf Würmer untersucht. Lassen Sie den Hund nur dann entwurmen, wenn die Kotprobe positiv ausfällt. Bestehen Sie auf einem Mittel, das die Darmflora nicht schädigt.

Regelmäßige Krankheitsvorsorge

Sie sollten Ihren Hund einmal jährlich vorsorglich untersuchen lassen, um Krankheiten, die vielleicht im Entstehen sind, rechtzeitig zu behandeln. Ein alter Hund sollte mindestens zweimal jährlich untersucht werden.

Als Alternative zur Schulmedizin haben Sie darüber hinaus die Möglichkeit, Ihren Hund einem Tierheiltherapeuten vorzustellen. Mit Hilfe der sogenannten Bioresonanzanalyse ist man heute in der Lage, Krankheitssymptome bereits zu einem Zeitpunkt zu erfassen, wo es der Schulmedizin zum Teil noch nicht möglich ist. Diese Methode wird an einem Fellbüschel oder Blutstropfen des Hundes durchgeführt.

Besuch beim Tierarzt

Im Gegensatz zum Menschen kann sich der Hund über seine Schmerzen und Beschwerden nicht äußern. Deshalb ist es wichtig, daß Sie Ihren Hund beobachten und alle Hinweise auf eine mögliche Krankheit sofort notieren. Wenn Ihnen im Erbrochenen oder im Kot etwas Besonderes aufgefallen ist (Blut, Fremdkörper, Würmer), nehmen Sie eine Probe mit. Nennen Sie dem Tierarzt die Art und Menge der Medikamente, die der Hund zur Zeit bekommt. Meist wird der Arzt auch selbst einige Fragen stellen:

✔ Wann war die letzte Kot- und Urinabgabe?
✔ Wie war sie beschaffen?
✔ Trinkt der Hund zu viel oder zu wenig?
✔ Wann hat er das letzte Mal gefressen?
✔ Was und wieviel hat er gefressen?

Fieber messen

Bei vielen Krankheitsanzeichen ist es im Vorfeld wichtig zu wissen, ob der Hund Fieber hat. Eine dem Hund vertraute Person hält das stehende Tier um den Hals und unter dem Bauch. Sie heben die Rute des Hundes und führen das an der Spitze mit Vaseline eingefettete Fieberthermometer bis zu einem Drittel vorsichtig in den After ein. Halten Sie das Thermometer während des Meßvorgangs fest und reden Sie beruhigend auf den Hund ein. Trainieren Sie diesen Vorgang hin und wieder mit dem gesunden Hund.

Hinweis: Praktisch sind unzerbrechliche Digital-Thermometer, die das Ende des Meßvorgangs akustisch anzeigen.

Rassetypische Krankheiten

Die Hüftgelenksdysplasie (HD) ist genauso wie beim stockhaarigen Deutschen Schäferhund eine meist erblich bedingte Mißbildung des Hüftgelenks durch eine ungleiche Form der Beckenpfanne und des Oberschenkelkopfes. Durch die zunehmende Belastung, verbunden mit der unkorrekten Lagerung, kommt es zur falschen Abnutzung und zur frühzeitigen Arthrosebildung, die für den Hund sehr schmerzhaft ist.

Fiebermessen funktioniert am besten zu zweit.

Krankheiten erkennen

Symptome	Mögliche Ursachen, bei denen Sie selbst helfen können	Sofort zum Tierarzt, wenn diese Symptome hinzukommen
Atemnot	Fremdkörper im Rachenraum	Folge eines Unfalles
Blähungen	Blähendes oder verdorbenes Futter, Futterumstellung	Stinkende Blähungen mit Durchfall, hörbare Darmgeräusche; wechselhafter, grau-gelber Stuhl
Durchfall	Streß; ungewohntes Futter, Schnee gefressen; zuviel Milch, Futterumstellung	Blut im Kot, Erbrechen, Austrocknung
Erbrechen	Zu gierig gefressen, Gras gefressen	Weiß-gelblicher oder blutiger Schleim, Apathie, hohes Fieber, Durchfall, kein Kotabsatz, verspannter Bauch, frißt nicht
Frißt viel	Nach Fasttag, bekommt zu wenig Futter, ist immer verfressen	Nimmt trotzdem ab, trinkt viel
Frißt wenig	Ist wählerisch, überfüttert, Futter zu heiß/kalt, ungewohntes Futter	Apathie mit vermehrtem Durst, Fieber, Durchfall, Erbrechen
Reichlicher Harnabsatz	Hat viel getrunken	Harnabsatz in kleinen Mengen, teilweise mit Blut; in großen Mengen und viel Durst; Apathie, schlechter Appetit; Hündin: blutig-eitriger Scheidenausfluß
Husten	Hat sich verschluckt	Trockener Husten mit Schleimwürgen (blutig); eitrige Bindehaut- und Nasenentzündung; Schweratmigkeit, Fieber, tiefer Husten
Speicheln	Läufige Hündin in der Nähe; beim Autofahren	Erbrechen und Durchfall, Apathie; Taumeln, schwankender Gang; rotziger Speichel; Maulgestank
Sodbrennen	Futter zu breiig oder zu stark zerkleinert	Gieriges Belecken von Teppichen, Fressen von Textilien
Trinkt viel	Nach Spiel oder Anstrengung, heiße Witterung, viel Trockenfutter	Erbrechen und Untertemperatur; Apathie, Taumeln, Untertemperatur; Hündin: Erbrechen, Fieber, Apathie
Trinkt nicht	Genug Feuchtigkeit im Futter	Speicheln, Fehlschlucken, Husten, Würgen

Als Symptome zeigen sich:
✔ Instabil wirkende Hinterhand
✔ Schwierigkeiten beim Hinlegen und beim Aufstehen
✔ Bei engen Wendungen hinten umkippen im Laufen
✔ Im Stand oft X-Stellung der Beine.
Die Erkrankung kann nur durch Röntgen des Beckens festgestellt werden. Züchten dürfen Sie nur mit HD-freien Hunden!
Bei der Behandlung mit schmerzlindernden und entzündungshemmenden Mitteln muß mit schweren Nebenwirkungen gerechnet werden. Neu ist die Möglichkeit einer operativen Korrektur des ungleichen Hüftgelenkes, die bereits bei 6 Monate alten Hunden vorgenommen wird. Dies ist jedoch nur bis zu einem Alter von etwa einem Jahr möglich. Für Hunde, die älter als ein Jahr sind, hat sich der operative Einsatz eines künstlichen Hüftgelenkes durchgesetzt und bewährt.
Ursache der Ellbogendysplasie ist das unterschiedliche Längenwachstum von Elle und Speiche durch Verletzungen in den Wachstumsfugen. Es führt zu Fehlbelastungen und zur Ablösung von Gelenkfortsätzen. Begünstigt wird diese sehr schmerzhafte Wachstumsstörung durch Überbelastung. Eine rechtzeitige Operation hält die Arthrose-Entwicklung gering.
Cauda Equina (zu deutsch: Pferdeschwanz) ist eine Folge der Zucht auf gute Beweglichkeit im Lendenwirbelbereich. Dadurch ist der Abstand zwischen dem letzten Lendenwirbel und dem ersten Kreuzbeinwirbel - bei nicht wenigen Hunden bereits erblich bedingt - geringfügig größer als normal. Bei übermäßiger Belastung kann es hier zu Bandscheibenverschiebungen kommen, die dem Hund durch Druck auf die etwa an dieser Stelle zu einem »Pferdeschwanz« gebündelten Nervenstränge des Rückenmarks sehr große Schmerzen bereiten.

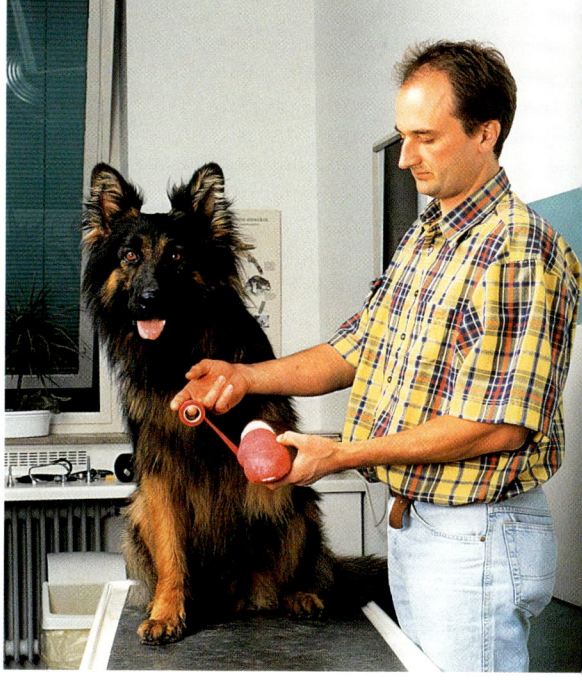

Auch beim Verbinden sollte der Langhaar-Schäferhund friedlich sein.

Symptome dieser Krankheit sind:
✔ Schmerzlaute beim Springen
✔ Lahmheit oder Schwäche der Hinterhand
✔ Druckempfindlichkeit im Erkrankungsbereich.
Die Erkrankung kann röntgenologisch festgestellt werden. Eine Operation ist oft unumgänglich.
Wichtig: Vor Beginn eines extremen Hundesports sollte jeder verantwortungsvolle Hundehalter seinen Hund auf HD und Cauda Equina hin untersuchen lassen.
Bei einer Hornhautentzündung ist die Hornhaut rauchig bis milchig getrübt. Ursache dieser Erkrankung sind Wimpern oder Fremdkörper im

Auge und bakterielle Infektion der Hornhaut. In der Hornhaut können kleine Geschwüre entstehen. Brechen diese durch die Hornhaut, kann das Auge ausfließen.

Eine Unterfunktion der Bauchspeicheldrüse kommt im Alter von eineinhalb bis 2 Jahren vor. Der Hund magert ab, obwohl er übermäßigen Appetit hat.
Symptome dafür sind
✔ wechselnd weicher, fettig glänzender, lehmfarbener Kot
✔ ständige Verdauungsstörungen
✔ gelegentliches Erbrechen
✔ Blähungen und Durchfälle.

Die Magendrehung kann auftreten, wenn sich der Hund kurz nach der Fütterung ausgiebig und vehement wälzt, herumtobt oder sich sportlich betätigt.

Vorbeugende Schutzimpfungen vermeiden schwere Erkrankungen.

Magendrehung äußert sich in
✔ plötzlichem Aufblähen des Vorderbauchs
✔ Unruhe, Würgen und Speicheln
✔ vergeblichen Versuchen zu erbrechen
✔ Atemnot.
Sie kann innerhalb weniger Stunden zum Tod führen. Beim Auftreten der ersten Symptome müssen Sie sofort zum Tierarzt. Nur eine schnelle Operation kann helfen.
Zur Vorbeugung füttern Sie den Hund 2- bis 3mal täglich mit kleineren Futtermengen.

Für den Notfall

✔ Notieren Sie sich Anschrift und Telefonnummer Ihres Tierarztes, so daß sie im Notfall schnell zur Hand sind.

✔ Schreiben Sie sich auch die Anschriften und Telefonnummern anderer Tierärzte in Ihrer Nähe auf für den Fall, daß Ihr Tierarzt nicht zu erreichen ist.

✔ Den Weg zu einer Notfallklinik sollten Sie schon kennen, auch wenn der Notfall noch gar nicht eingetreten ist.

Erste Hilfe

<u>Bei Wespen- oder Bienenstichen</u> im Rachen müssen Sie den Hals von außen ununterbrochen mit Eiswürfeln kühlen, während Sie zum Arzt fahren. Es besteht Erstickungsgefahr! Mehrere Insektenstiche an anderen Körperteilen kühlen Sie ebenfalls durch Auflegen von Eiswürfeln.

<u>Auf blutende Wunden,</u> wie Schnittverletzungen an den Ballen der Pfoten, legen Sie eine Kompresse (oder ein Papiertaschentuch) und stellen mit einem Verbandspäckchen (oder Stoffetzen) einen Druckverband her. Bringen Sie den Hund sofort zum Tierarzt. Bei Ihren Spaziergängen sollten Sie immer ein Päckchen elastische Binde und eine Mullkompresse dabei haben. Größere Wunden müssen so schnell wie möglich vom Tierarzt genäht werden.

»Mein Pfötchen tut weh! Ein kleiner Schluck Wasser hilft bestimmt.«

<u>Mit jeder Bißverletzung</u> sollten Sie grundsätzlich zum Tierarzt gehen. Der Zahn des anderen Hundes hinterläßt ein kaum sichtbares, aber oft relativ tiefes Loch, worin sich eventuell eine Infektion oder ein Abszeß bilden kann.

<u>Vergiftungen</u> äußern sich durch starkes Speicheln, Erbrechen mit Blut, blutdurchsetztem Durchfall und Urin, blasse bis bläuliche Schleimhäute, jagenden Puls oder Ohnmacht. Bis zu einer Stunde nach der Vergiftung kann eine Magenspülung mit Kochsalzlösung (1 Eßlöffel Salz auf 100 ml Wasser) helfen, das sich noch im Magen befindliche Gift herauszuspülen.

Geben Sie soviel wie möglich von der Salzlösung dem Hund mittels einer 10-ml-Einwegspritze ohne Kanüle ein, bis er erbricht, danach weiter lauwarmes Wasser, um mehrmaliges Erbrechen zu fördern.

Wichtig: Bei Vergiftungen nie Öl oder Milch eingeben! Nach dem Erbrechen sofort den Tierarzt aufsuchen!

Bei Wurmbefall oder Analdrüsenverstopfung zeigt der Hund dieses »Schlittenfahren«.

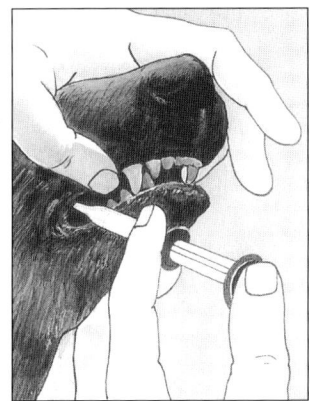

Flüssigkeiten geben Sie mit einer Einwegspritze ein.

Augentropfen träufeln Sie hinter das untere Lid.

Medikamente eingeben

Tabletten »verstecken« Sie am besten in einem Stück Streichwurst. Danach sollten Sie etwas Feuchtes nachfüt-tern, damit die Tablette nicht im Schlund stecken-bleibt.

Flüssige Medikamente spritzt man mit einer Einwegspritze ohne Kanüle seitlich in den Fang. Heben Sie dazu den Kopf des Hundes leicht an und ziehen Sie die Lefzen nach unten.

Alkoholhaltige Tropfen ver-dünnen Sie vorher mit etwas Wasser.

Augentropfen werden hinter das untere Augenlid geträu-felt. Ziehen Sie dazu das Lid leicht nach unten.

Augensalbe legen Sie in ei-nem Strang hinter das obere Augenlid, das Sie vorsichtig nach oben ziehen. Streichen Sie anschließend ganz leicht mit dem Finger in kreisför-migen Bewegungen über die geschlossenen Lider, damit sich die Salbe verteilt.

Kleine Hausapotheke

Instrumente: Unzerbrechli-ches, digitales Fieberthermo-meter, 1 gebogene Schere mit einem stumpfen und einem spitzen Schenkel, 1 Verbands-schere, 1 Zeckenzange, 1 spit-ze Pinzette und 1 Pinzette mit abgerundeten Spitzen, einige Holzspatel zum Auftragen von Salben, je 1 Plastikspritze (2 ml, 5 ml und 10 ml) ohne Kanüle zum Eingeben von Medika-menten und Flüssigkeiten.

Verbandsmaterial: Elastische Mullbinden (6 und 10 cm breit), Leukoplast und Hansaplast, Verbandswatte, Mullkompres-sen, 1 festere Binde zum Abbinden von Blutungen.

Medikamente: Merfen zur Wunddesinfektion, 70%igen Isopropylalkohol zur Desin-fektion von Instrumenten und für kühlende Einreibun-gen; Zäpfchen zur Schmerz-linderung, Fiebersenkung und Entkrampfung; Vaseline, Melkfett, Wundbenzin, Rin-gelblumentinktur und Ringel-blumensalbe zur Behandlung kleinerer Wunden oder Zeckenbisse und für die After-pflege; Kohle- oder Gerb-säuretabletten (Tannalbin) gegen Durchfall.

Durch diese Hals-krause wird der Hund daran gehin-dert, Verbände oder genähte Wunden aufzureißen.

Die halbfett gesetzen Seitenzahlen verweisen auf Farbfotos und Zeichnungen.

A

Abwehrdrohen 42
Afterpflege 35
Agility 51
Angriffsdrohen 42, **45**
Atemnot 55
Aufreiten **44**
Augensalbe 59
Augentropfen 59, **59**
Ausbilder, guter 51
Ausführen, richtig 27
Auslauf **3, 32**
Ausstattung 16

B

Bandwürmer 36
Bauchspeicheldrüsen-unterfunktion 57
Befehle 46
– Aus 46
– Fuß 43
– Hier 47
– Komm 47
– Nein 46
– Pfui 46
– Platz und Bleib 47
– Sitz **40**
– Sitz und Bleib 46, 47, **48**
Bellen 41
Berührung, gezielt 24
Beschäftigung **2, 10, 16, 47, 50**
Bienenstich 58
Bißverletzung 58

B

Blähungen 55
Bürste 17
Bürsten 32, 34

C

Cauda Equina 56

D

Demodex-Räude-milbe 36
Durchfall 55

E

Eiweiß 28
Ellbogendysplasie 56
Ellbogenschwielen 35
Entwurmung 53
Erbrechen 55
Ernährung 28
Ernährungsfehler 33
Ernährungs-zustand 30
Erste Hilfe 58
Erziehung 43, 46
Erziehungs-maßnahme **46**

F

Fahrradfahren 51
Fellpflege 17, 32
Fertigfutter 28
Fette 28
Fieber messen 54, **54**
Fiepen 41
Figurtest 30
Flöhe 36
Flyball 51

Fußgehen, enges 43
Futter, richtiges 28
Futtermenge 30
Fütterregeln 31
Futterschüssel 17

G

Geburt 38
Gefahren 23
Grützbeutel 33

H

Haarbalg-geschwulst 33
Hakenwürmer 36
Halsband 16, 17
Halskrause **59**
Hausapotheke 59
Heulen 41, **42**
Hitze 15
Hornhaut-entzündung 57
Hüftgelenks-dysplasie 56
Hund baden 33
Hundedecke 17
Hundefrühstück 30
Hundemenü 31
Hund und andere Heimtiere **14**, 15
Hund und Kind **1**, 24, 26, **29, 52**
Hund und Mensch **20, 22,** 24
Husten 55

I

Impfschutz 53
Imponieren 42

K

Kamm 17
Kämmen 32, 34, 35
Katze **14**
Kauf 14
Knochen 29
Knurren 41
Kohlenhydrate 28
Komplettfutter 28
Kopf schiefhalten 33
Körperkontakt 24, **25**
Körpersprache 41
Körpertemperatur, normal 33
Krallen schneiden **35**
Krallenpflege 35
Krankheiten
– erkennen 55
–, rassetypische 56
– Ursachen 53
– Vorsorge 53
– Anzeichen 33

L

Läufigkeit 37
Läuse 36
Lautsprache 41
Leine 17
Leinenführigkeit 43, **46**
Leistungssport 50
Liegeplatz 17
Lippenschorf 33

M

Magendrehung 57
Mangelernährung 33
Markieren 14, 15, **45**
Medikament eingeben
– Augentropfen 59, **59**

– Augensalbe 59
– flüssig 59, **59**
– Tabletten 59
Mineralstoffe 28
Mundgeruch 33

Nachwuchs 37
Nasenspiegel 35

Ohren-
entzündung 33
Ohrenpflege 34, **34**
Ohrenreinigung 32

Paarung 37
Parasiten
–, äußere 36
–, innere 36
Peitschenwürmer 36
Pflege 32
Pfotenpflege 34, **35**
Prägungsphasen 21
Prägungsspieltage 22
Puls, normal 33

Rassekennzeichen 11

Schleimhäute
–, blaß 33
–, verfärbt 33
Schlittenfahren 35, **58**
Schreien 41
Schutzhund-
prüfung 50
Sodbrennen 55

Soziale Unsicher-
heit 42
Sozialisierungs-
phasen 21
Speicheln 55
Spielauf-
forderung 42, **45**
Spielen
–, gezielt 49
–, als Beschäfti-
gung 50
Spielzeug 17
Spulwürmer 36
Spurenelemente 28
Stammplatz 16
Stubenrein
machen 18

Talgbeutel 33
Tierarzt,
Besuch beim 54, **57**
Trächtigkeit 38
Turnierhunde-
sport 50

Unterwerfung
–, passive 42, **43**
–, aktive 42
Urlaubs-
versorgung 36

Verband anlegen **56**
Vergiftung 58
Verhaltensregeln 25
Vitamine 29

Wälzen **44**
Wasser 30
Wasserschüssel 17
Welpe 14, 22, **37**
– Eingewöhnen 18
– Entwicklung 38
– Ernährung 39
– Fertigfutter für 39
– Platz **49**

– Spielen **44**
– Sitz **48**
– Stubenrein
machen 18
– um Futter
betteln **45**
Wespenstich 58
Wildern 27
Winseln 41
Wuffen 41
Wunde, blutend 58
Wurfkiste 38, **38**

Zahnkontrolle 32
Zahnpflege 34, **34**
Zecken 36
Zucht 4, 37
–, gezielte 39
Züchter, guter 15

Diese beiden sind zu allen Schandtaten bereit.

Adressen, die weiterhelfen

• Fédération Cynologique Internationale (FCI), 13 Place Albert I, B-6530 Thuin/Belgien

• Verband für das Deutsche Hundewesen e.V. (VDH), Postfach 104154, D-44041 Dortmund

• Verein für Deutsche Schäferhunde e.V. (SV), Steinerne Furt 71/71a, D-86167 Augsburg

• Österreichischer Kynologenverband e.V. (ÖKV), Johann-Teufel-Gasse 8, A-1238 Wien

• Schäferhundeverein für Österreich (SVÖ), Sonnweg 284, A-5071 Wals

• Schweizerische Kynologische Gesellschaft (SKG/SCS), Postfach 8217, CH-3001 Bern

* Schweizerischer Schäferhunde-Club, Geschäftsstelle: René Rudin, Im Schleedorn 8, CH-4224 Nenzlingen

• Altdeutscher Schäferhund Verband Deutschland e.V. (ASVD), 1. Vorsitzender: Jürgen Gökeler, In der Gibitzen 5, D-90530 Wendelstein

• Langhaar-Schäferhund Verband Deutschland e.V. (LSVD) Zuchtstelle/Welpenvermittlung (Süddeutschland): Hermine Weichselbaumer, Schenkenau 25 a, D-86579 Waidhofen Welpenvermittlung (Norddeutschland): Ulrike Baum, Giesenkirchener Straße 121, D-41238 Mönchengladbach

• Altdeutscher Schäferhund Club e.V. (ASC), Geschäftsstelle: Michael Werner, Dautenbachstraße 16, D-34260 Kaufungen

Fragen zu Hundehaltung beantworten auch

Ihr Zoofachhändler und der Zentralverband Zoologischer Fachbetriebe Deutschlands e.V., D-63225 Langen, Tel. 0 61 03 / 91 07 32 (nur telefonische Auskunft möglich).

Haftpflichtversicherung

Fast alle Versicherungen bieten auch Haftpflichtversicherungen für Hunde an.

Krankenversicherung

• Uelzener Allgemeine Versicherungsgesellschaft AG, Postfach 2163, D-29511 Uelzen

• AGILA Haustierkrankenversicherung AG, Breite Straße 6 - 8, D-30159 Hannover

Registrierung von Hunden

Haustier-Zentralregister für die BRD e.V. TASSO, Postfach 1423, D-65783 Hattersheim

Wer seinen Hund vor Tierfängern und dem Tod im Versuchslabor schützen will, kann ihn hier registrieren lassen. Die Eintragung sowie die computergesteuerte Suche bei Vermißtenmeldung sind kostenlos.

Bücher, die weiterhelfen

(falls nicht im Buchhandel, dann in Bibliotheken erhältlich)

• Feddersen-Petersen, Dorit: Hunde und ihre Menschen. Franckh-Kosmos Verlag, Stuttgart.

• Ludwig, Gerd: Mit dem Hund spielen und trainieren. Gräfe und Unzer Verlag, München.

• Schlegl-Kofler, Katharina: Unser Welpe. Gräfe und Unzer Verlag, München.

• Schlegl-Kofler, Katharina: Hundeerziehung mit Herz und Verstand. Gräfe und Unzer Verlag, München.

• Stein, Petra: NaturheilPraxis Hunde. Schnelle Selbsthilfe durch Homöopathie und Bach-Blüten. Gräfe und Unzer Verlag, München.

• Streitferdt, Uwe: Mein kranker Hund. Gräfe und Unzer Verlag, München.

• Trumler, Eberhard: Mit dem Hund auf Du. Piper Verlag, München.

Zeitschriften, die weiterhelfen

• *Der Hund.* Deutscher Bauernverlag GmbH, Brunnenstraße 128, D-13355 Berlin

• *Das Tier.* Hallwag Verlag, Brunnwiesenstraße 23, D-73760 Ostfildern.

• *Unser Rassehund.* Herausgeber: Verband für das Deutsche Hundewesen e.V. (VDH), Postfach 104154, D-44041 Dortmund.

Der Autor

Horst Hegewald-Kawich, lange Zeit Diensthundeführer bei der Polizei, führt seit vielen Jahren Prägungs-Spieltage für Welpen und erwachsene Hunde im Verein Hundefreunde Dachau e.V. durch. Er ist Turnierhundsportbewerter und Prüfer für Blindenhunde. Darüber hinaus besitzt er langjährige Erfahrung im Umgang mit Problemhunden.

Die Fotografin

Monika Wegler ist Berufsfotografin und Tierbuch-Autorin. Sie hat über 30 Tierbücher komplett fotografiert und zum Teil selbst geschrieben. Schwerpunkt ihrer Arbeit sind: Katzen, Hunde, Kaninchen und Wellensittiche. Sie hält und züchtet selbst seit 18 Jahren Tiere.

Der Zeichner

György Jankovics ist ausgebildeter Grafiker und studierte an den Kunstakademien von Budapest und Hamburg. Er zeichnet für eine Reihe angesehener Verlage Tier- und Pflanzenmotive. Für die GU Redaktion Natur hat er bereits viele Titel illustriert.

Dank

Die Fotografin dankt Züchtern und Haltern der nachfolgenden Verbände für ihre Mitarbeit an diesem Buch:
Vom ASVD: Familie Gökeler, Bäuerle, Müller, Bürg, Wehowsky, Eakes.
Vom LSVD: Familie Weichselbaumer.
Vom ASC: Familie Proft.

Fotos: Buchumschlag und Innenteil

Umschlagvorderseite: Berry vom Tegeler Fließ, Rüde, schwarz-gelb, 3 Jahre; Umschlagrückseite: Boss zum süßen Mondlicht, Rüde, 3 Jahre, schwarz-gelb, mit Bringholz; Seite 1: Mädchen mit 9 Wochen altem Welpen; Seite 2/3: Kraftvoll zieht »Berry« die beiden Kinder im »Sacco-car«; Seite 4/5: Sprung über den Holzstapel; Seite 6/7: Wer wird siegen?; Seite 64: Vier Prachtexemplare des Langhaar-Schäferhundes.

An unsere Leserinnen und Leser

Wir freuen uns, Ihre Meinung zu diesem TierRatgeber zu erfahren. Bitte schreiben Sie uns, wenn Sie Berichtigungen und Ergänzungsvorschläge haben oder wenn Ihnen etwas besonders gut gefällt.

Gräfe und Unzer Verlag
Redaktion Natur
Stichwort:
TierRatgeber
Postfach 86 03 66
D-81630 München

Impressum

© 1997 Gräfe und Unzer Verlag GmbH, München. Alle Rechte vorbehalten. Nachdruck, auch auszugsweise, sowie Verbreitung durch Bild, Funk und Fernsehen, durch fotomechanische Wiedergabe, Tonträger und Datenverarbeitungssysteme jeder Art nur mit schriftlicher Genehmigung des Verlages.

Redaktion:
Anita Zellner
Lektorat:
Angelika Lang
Umschlaggestaltung und Layout:
Heinz Kraxenberger
Zeichnungen:
György Jankovics
Herstellung: Heide Blut/ Susanne Mühldorfer
Satz: Heide Blut
Reproduktion:
Fotolito Longo
Druck und Bindung:
Stürtz

ISBN 3-7742-2190-1

Auflage 4. 3. 2. 1.
Jahr 2001 2000 99 98

Wichtige Hinweise

Die Haltungsregeln des Buches beziehen sich in erster Linie auf normal entwickelte Jungtiere aus einwandfreier Zucht.
Wer einen erwachsenen Hund zu sich nimmt, muß sich bewußt sein, daß dieser bereits wesentliche Prägungen durch den Menschen erfahren hat. Ist der Hund aus dem Tierheim, so kann eventuell dieses über die Herkunft des Hundes und seine Eigenheiten Auskunft geben.
Es gibt Hunde, die aufgrund schlechter Erfahrungen mit Menschen in ihrem Verhalten auffällig sind. Diese Hunde sollten nur von erfahrenen Hundehaltern aufgenommen werden. Auch bei gut erzogenen und sorgfältig beaufsichtigten Hunden besteht die Möglichkeit, daß sie Schäden an fremdem Eigentum anrichten oder gar Unfälle verursachen. Ein ausreichender Versicherungsschutz liegt im Eigeninteresse; der Abschluß einer Hundehaftpflicht-Versicherung ist in jedem Fall dringend zu empfehlen.
Lassen Sie bei Ihrem Hund auch alle notwendigen Schutzimpfungen und Entwurmungen durchführen, da sonst eine erhebliche gesundheitliche Gefährdung von Mensch und Tier möglich ist.
Bei Krankheitsanzeichen (→ Seite 33 und 55), sollten Sie unbedingt einen Tierarzt zu Rate ziehen. Einige Krankheiten sind auch auf den Menschen übertragbar (→ Seite 36). Gehen Sie im Zweifelsfall selbst zum Arzt, auch wenn Sie von Ihrem Hund gebissen wurden. Es gibt Menschen, die allergisch auf Tierhaare reagieren. Wenn Sie sich nicht sicher sind, fragen Sie Ihren Arzt vor der Anschaffung.

1 Ist die Haltung eines Langhaar-Schäferhundes bei engen Wohnverhältnissen möglich?

Generell nein. Es sei denn, Sie können den Hund bei allen Aktivitäten außerhalb Ihrer Wohnung mitnehmen und ausreichend beschäftigen und bewegen.

2 Braucht der Langhaar-Schäfer-hund viel freien Auslauf?

Primär braucht er Beschäftigung und muß täglich mit Aufgaben betraut werden, die er lösen muß (Spiel, Sport).

3 Wird der Langhaar-Schäfer-hund bei ausschließlicher Zwingerhaltung aggressiv?

Ein ordnungsgemäßer Zwinger ist praktisch, wenn der Hund nur für bestimmte Zeit untergebracht werden muß. Dauernde Zwingerhaltung könnte Aggressionen fördern.

4 Folgt der Langhaar-Schäfer-hund jedem Familienmitglied?

Bis zu einem gewissen Grad ja, wenn er gut erzogen ist. Er muß aber eine Bezugsperson haben, die er als Führer anerkennt.

5 Wie lange dauert es, bis sich mein Langhaar-Schäferhund mir willig unterordnet?

Es hängt von Ihrem Wissen und Ihrer Konsequenz ab. Als Anfänger werden Sie das ohne Hilfe eines guten Ausbilders oder Vereins kaum schaffen.